중국어
필수
유의어
비교 50

진윤영 저

시사중국어사

초판인쇄	2022년 9월 20일
초판발행	2022년 10월 1일

저자	진윤영
편집	엄수연, 가석빈, 최미진, 高霞
펴낸이	엄태상
디자인	이건화
조판	이서영
마케팅본부	이승욱, 왕성석, 노원준, 조성민
경영기획	조성근, 최성훈, 정다운, 김다미, 최수진, 오희연
물류	정종진, 윤덕현, 신승진, 구윤주

펴낸곳	시사중국어사(시사북스)
주소	서울시 종로구 자하문로 300 시사빌딩
주문 및 문의	1588-1582
팩스	0502-989-9592
홈페이지	http://www.sisabooks.com
이메일	book_chinese@sisadream.com
등록일자	1988년 2월 12일
등록번호	제300 - 2014 - 89호

ISBN   979-11-5720-230-0 13720

중국어를 공부하다 보면 한자의 특성 때문에 같은 의미를 나타내지만 상황 별 쓰임이 다른 단어, 유의어를 마주하게 됩니다. 중국어에는 의미, 결합 관계 등 각 방면에 미세한 차이가 있는 유의어가 많은데 이것은 말을 하거나 글을 쓰는 데 있어 난점이 되곤 합니다. 이에 본 교재는 학습자들이 부딪치게 되는 난점에 초점을 맞추어, 기초부터 HSK를 준비하는 학습자분들까지 쉽게 유의어를 구분할 수 있도록 집필하였습니다.

1 단어의 품사에 따라 유의어를 설명하였습니다.

유의어를 분석하는 데 있어 우선적인 것은 품사입니다. 유의어가 동사라면 목적어의 결합 문제에 주안점을, 명사라면 명사가 가리키는 범위 차이를, 접속사라면 문법 기능에 주안점을 두고 설명하였습니다. 단어의 품사를 정확하게 파악하고 그 쓰임을 숙지한다면 빠른 중국어 실력 향상에 도움이 될 것입니다.

2 미세한 차이를 상세하게 설명하였습니다.

학습자분들이 좀 더 정확하게 유의어를 파악할 수 있도록 의미의 주안점, 감정 색채, 적용 대상, 자주 결합되는 단어 관계, 문법 구조 등, 다양한 방면에서 유의어를 비교 분석하였습니다. 또한 미세한 차이를 쉽게 이해할 수 있도록 실생활 회화 예문과 HSK 기출문제의 예문을 같이 수록하여 유의어의 각종 용법을 쉽게 이해할 수 있는 동시에 HSK 시험을 준비하는 데 큰 도움이 될 것입니다.

3 가장 많이 질문하고, 어려워하는 유의어를 선별하였습니다.

본 교재는 현장에서 학습자들에게 중국어를 가르쳐본 경험과 노하우를 바탕으로, 학습자들이 가장 많이 질문하고, 어려워하는 유의어만 선별하였습니다. 본 교재에 수록되어 있는 유의어는 대다수 말을 하시거나 글을 쓸 때 빈번히 혼동하는 단어들이기에 본 교재를 학습하고 나면 단어의 오용이나 언어상의 실수를 피하고 더 나아가 중국어로 단어의 의미를 오류 없이 전달하고 의미 색채까지 정확하게 표현해 낼 수 있을 것입니다.

끝으로 이 책이 나오기까지 많은 도움을 주신 엄수연님, 최미진 부장님께 감사 인사 전합니다. 또한 부족한 저의 강의와 교재로 공부하고 계시는 모든 학습자분들에게 감사 인사 전합니다. 처음 시작이 어려워도 저와 함께 조금씩 멈추지 말고 꾸준히 공부하시기를, 본 교재가 여러분들의 중국어 실력에 도움이 되기를 기대합니다.

진윤영

차례

기초편

HSK편

 이 책의 특징

 중국어 기초 학습자부터 HSK 학습자까지! 꼭 알아야 할 유의어 50개를 모았어요.
기초편 01~25, HSK편 01~25로 구성되어 있어요.

본 학습에 들어가기에 앞서 '실력 체크'를 통해 스스로 얼마나 알고 있는지 체크할 수 있어요.

'비교 포인트'를 통해 헷갈리는 유의어를 한눈에 비교해 볼 수 있어요.

유의어 간의 미세한 차이를 쉽게 이해할 수 있도록 실생활 회화 예문과 HSK 기출문제의 예문을 함께 수록했어요.

유의어의 차이점뿐만 아니라 공통점도 같이 확인할 수 있어요.

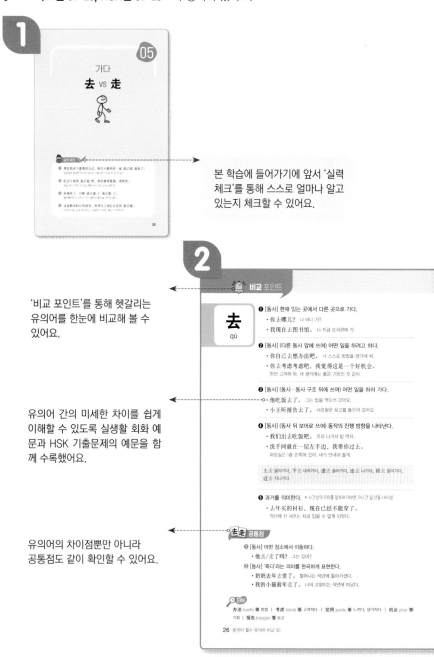

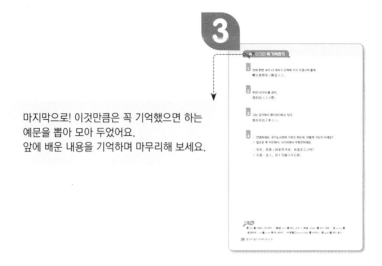

마지막으로! 이것만큼은 꼭 기억했으면 하는
예문을 뽑아 모아 두었어요.
앞에 배운 내용을 기억하며 마무리해 보세요.

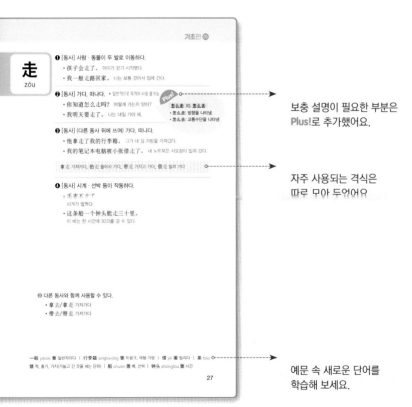

보충 설명이 필요한 부분은
Plus!로 추가했어요.

자주 사용되는 격식은
따로 모아 두었어요

예문 속 새로운 단어를
학습해 보세요.

중국어 유의어

기초편

둘

二 vs 两

❶ 我有 二 / 两 本书。
나는 책 두 권이 있다.

❷ 今天 二 / 两 十五号，星期 二 / 两 。
오늘은 25일, 화요일이다.

❸ 一共 二 / 两 万块钱。
모두 20,000위안이다.

❹ 现在 二 / 两 点。
지금은 2시다.

二
èr

❶ [수사] 분수 · 소수 · 서수 등의 숫자를 셀 때.

- 二分之一 2분의 1
- 三点二 3.2
- 第二 두 번째

❷ [수사] 일의 자리 · 십의 자리일 때.

- 十二个人 사람 12명
- 二十二本书 책 22권

❸ [수사] 전화번호 · 년도 · 버스노선 번호 · 방 번호를 읽을 때.

- 二五八零 – 二七七二 2580–2772(전화번호)
- 二零二二年 2022년
- 二二五路 225번(버스 번호)
- 二零二房间 202호 방

 二两 공통점

❶ [수사] 百 단위에서는 二, 两 모두 사용할 수 있다.

- 二百块/两百块 200위안

 단어

…分之… …fēnzhī… ~분의 ~ | 点 diǎn 명 점, 소수점 | 第 dì 제(수사 앞에 쓰여 차례의 몇 째를 가리
킴) | 本 běn 양 권(책을 세는 단위) | 书 shū 명 책 | 路 lù 명 노선

两
liǎng

❶ [수사] 양사 앞에서 수량을 나타낼 때.

- 两个 2개
- 两本书 책 두 권
- 两杯啤酒 맥주 두 잔

Plus!

俩 liǎ : 두 사람, 두 개
– 你们俩 너희 둘
– 夫妻俩 부부 둘

❷ [수사] 쌍을 이루는 사물이나 상대적인 쌍방을 가리킬 때.

- 两边 양쪽
- 两方面 양 방면

❸ [수사] 千, 万, 亿 앞에 쓰일 때.

- 两千三百四十五 2,345
- 两万九千八百二十三 29,823

❹ [수사] 불확정적인 숫자를 표시할 때.

- 过两天 며칠 후
- 你说两句吧 한 마디 해 봐

❺ [양사] 중량 단위일 때.

- 半斤八两 도토리 키 재기

❷ [수사] 금액 毛 단위에서는 二, 两 모두 사용할 수 있다.
- 二百块二毛二分 / 两百块两毛两分 200.22위안

杯 bēi 양 잔 | 啤酒 píjiǔ 명 맥주 | 方面 fāngmiàn 명 방면, 부분 | 半斤八两 bànjīn bāliǎng 성 피
차일반, 도토리 키 재기

1

이 책 두 권은 20위안이다.

这两本书二十块钱。

2

지금은 2시 25분이다.

现在两点二十五分。

3

나는 아이가 둘인데, 한 명은 2004년생이고 한 명은 2006년생이다.

我有两个孩子，一个是二零零四年出生的，一个是二零零六年出生的。

4

A: 봐봐, 이 셔츠 20위안이야. 저렴하네.

B: 친구야, 너 0을 2개 빼고 봤어. 2,000위안이야.

A: 你看，这件衬衫二十块钱，很便宜。

B: 朋友，你少看了两个零，两千块钱啊。

🔍 **단어**

出生 chūshēng 동 출생하다, 태어나다 | 件 jiàn 양 벌(옷을 세는 단위) | 衬衫 chènshān 명 셔츠, 블라우스 | 便宜 piányi 형 싸다, 저렴하다 | 少 shǎo 형 적다

우리

我们 vs 咱们

실력 체크 ✔

① 喂，你在哪儿? 我们 / 咱们 在学校门口等你呢。
여보세요, 너 어디야? 우리 학교 입구에서 너 기다리고 있어.

② 你等我一下，我们 / 咱们 一起走。
나 좀 기다려 줘. 우리 같이 가자.

③ 我们 / 咱们 一起唱吧。
우리 같이 노래 부르자.

④ 我们 / 咱们 打算明天去森林公园玩儿，你要是没事，我们 / 咱们 一块儿去。
우리 내일 수목원에 가서 놀 건데, 너 별일 없으면 우리 같이 가자.

我们
wǒmen

❶ [대명사] 화자와 청자를 모두 포함한다.

- 我们是一家人嘛!
  우리는 가족이잖아!

- 你来得正好，我们商量一下。
  너 마침 잘 왔어. 우리 상의 좀 하자.

❷ [대명사] 청자를 포함하지 않는다.

- 你在哪儿呢？我们在咖啡厅门口。
  너 어디야? 우리는 커피숍 입구야.

- 小李，我们先走了，明天见!
  샤오리, 우리 먼저 갈게. 내일 봐!

我们 咱们 공통점

❶ [대명사] 화자와 청자를 포함한다.

- 我们/咱们去逛街吧。 우리 나가서 쇼핑하자.
- 我们/咱们一起加油吧! 우리 같이 힘내자!

 단어

正好 zhènghǎo 형 꼭 알맞다, 딱 좋다 | **商量** shāngliang 동 의논하다 | **一起** yìqǐ 부 같이 | **加油** jiāyóu 동 힘을 내다, 격려하다

咱们
zánmen

❶ [대명사] 화자와 청자를 모두 포함한다.

· 咱们是一家人嘛！
  우리는 가족이잖아!

· 你来得正好，咱们商量 丁。
  너 마침 잘 왔어. 우리 상의 좀 하자.

❷ [대명사] (언어 환경에 따라) 나(우리) 혹은 상대방을 지칭한다.

· 咱们餐厅的特色菜是酸辣鱼，很好吃。
  저희 식당의 추천 메뉴는 쏸라위입니다. 정말 맛있어요.

· 咱们别哭，妈妈出去一会儿马上回来。
  (우는 아이에게) 우리 아기 울지 말자. 엄마 나갔다가 금방 돌아올게.

特色菜 tèsècài 명 특색 요리 ｜ **酸辣鱼** suānlàyú 맵고 새콤한 생선 요리 ｜ **别** bié 부 ~하지 마라 ｜ **哭** kū 동 울다 ｜ **马上** mǎshàng 부 곧, 바로

1 우리(청자 배제) 갈게. 우리(청자 포함) 또 보자.
我们走了，咱们再见吧。

2 우리 같이 그림 그리자.
我们/咱们一起画画儿吧。

3 일요일 오후에 우리는 거기에서 너 기다릴게. 우리 꼭 보자!
周日下午我们在那里等你，咱们不见不散！

4 A: 저희에게 알려주세요. 행복이란 도대체 무엇인가요?
B: 자, 우리 일단 커피를 다 마시고 같이 토론해 봅시다.

A: 请您告诉我们，幸福到底是什么呢？
B: 来，咱们先把咖啡喝完，一起讨论一下。

 단어

画画(儿) huàhuà(r) 동 그림을 그리다 ｜ **不见不散** bújiàn búsàn 성 만날 때까지 기다리다 ｜ **告诉** gàosu 동 알려주다 ｜ **幸福** xìngfú 명 행복 ｜ **到底** dàodǐ 부 도대체 ｜ **讨论** tǎolùn 동 토론하다

적다 vs 작다
少 vs 小

실력 체크

① 晚上开车一定要 少 / 小 心。
저녁에 운전할 때는 반드시 조심해야 해.

② 这条裤子你花了多 少 / 小 钱?
이 바지 얼마 줬어?

③ 现在在报纸上看新闻的人越来越 少 / 小 了。
신문에서 뉴스를 보는 사람이 갈수록 줄어들고 있다.

④ 河上有一条 少 / 小 船。
강 위에 작은 배 한 척이 있다.

少
shǎo

❶ [형용사] 수량·금액이 적거나 부족하다 혹은 나이가 적다.

- 减少 감소하다
- 缺少 부족하다
- 青少(shào)年 청소년

- 你怎么吃这么少?
  왜 그렇게 조금 먹는 거야?

- 我这个月买了台笔记本电脑，花了不少钱。
  나는 이번 달에 노트북을 사느라 적지 않은 돈을 썼다.

❷ [동사] 원래 부족하거나 있어야 할 수량이 부족하다 혹은 잃어버리다, 빠트리다.

- 我们班同学都来了，一个都没少。
  우리 반 친구들은 모두 왔다. 한 명도 빠짐없이.

- 收到快递东西少了，怎么办?
  택배를 받았는데 물건이 누락되었네. 어떡하지?

❸ [부사] 작작, 그만. ▶금지를 나타냄

- 你少说废话!
  헛소리 좀 그만해!

- 我忙着呢，你少烦人好不好?
  나 바빠, 사람 좀 괴롭히지 마.

단어

笔记本电脑 bǐjìběn diànnǎo 명 노트북 ｜ 收到 shōudào 동 받다 ｜ 快递 kuàidì 명 택배 ｜ 东西 dōngxi 명 물건 ｜ 废话 fèihuà 명 헛소리, 쓸데없는 말 ｜ 烦人 fánrén 동 귀찮게 하다, 번거롭게 하다

小
xiǎo

❶ [형용사] 면적 · 수량 · 힘 · 강도 등이 작다.

· 这台空调声音非常小，几乎没有声音。
이 에어컨은 소리가 매우 작아서, 거의 소리가 없다.

· 刷牙看起来是一件很简单的小事。
양치질은 간단하고 쉬운 일처럼 보인다.

---

❷ [형용사] 형제 · 자매 순서에서 가장 어린 사람, 막내.

· 她是我的小妹妹。
그녀는 나의 막내 여동생이다.

· 你的小儿子真可爱。
너의 막내아들은 정말 귀엽다.

---

❸ 사람을 지칭할 때 사용한다.

· 小王 샤오왕   · 小偷 도둑

台 tái **양** 대(가전제품을 세는 단위) | 空调 kōngtiáo **명** 에어컨 | 声音 shēngyīn **명** 소리 | 几乎 jīhū
부 거의 | 刷牙 shuāyá **동** 이를 닦다 | 看起来 kànqǐlái 보아하니, 보기에 | 件 jiàn **양** 건(일을 세는 단
위) | 简单 jiǎndān **형** 간단하다 | 可爱 kě'ài **형** 귀엽다

1 이 작은 테이블은 얼마인가요?

这个小桌子多少钱?

2 요즘 사람들의 지갑에는 '펀'과 같은 잔돈이 들어 있는 경우가 매우 적다.

现在人们的钱包里很少有"分"这么小的零钱。

3 요즘 코로나가 심각하니 조심해야 해. 외출을 자제하고, 외출할 때는 반드시 마스크를 써야 해.

现在疫情严重，你要小心点儿，少出门，出门的话一定要戴上口罩。

4 모두 칠판에 있는 이 단어들을 노트에 적은 다음, 집에 가서 이 단어들로 간단한 이야기를 하나 만들어 오세요. 잊지 마세요. 최소 100자는 써야 해요.

请大家把黑板上的这些词写在本子上，回家后用这些词语写一个小故事，别忘了，最少写100字。

🔍 **단어**

桌子 zhuōzi **명** 탁자 ┃ **钱包** qiánbāo **명** 지갑 ┃ **零钱** língqián **명** 잔돈 ┃ **疫情** yìqíng **명** 전염병, 코로나 ┃ **出门** chūmén **동** 외출하다, 나가다 ┃ **戴** dài **동** (장신구 등을) 착용하다, 쓰다, 차다 ┃ **口罩** kǒuzhào **명** 마스크

낮다

矮 VS 低

① 我个了比较 矮 / 低，穿这个不好看。
나는 키가 비교적 작아서, 이것을 입으면 예쁘지 않다.

② 虽然今天的温度不是那么 矮 / 低，但风一直刮得很大。
비록 오늘 온도가 그렇게 낮지는 않지만, 바람이 줄곧 많이 분다.

③ 你把头再 矮 / 低 一点，身体再向左一点儿。
머리를 좀 더 숙이고, 몸은 좀 더 왼쪽으로 돌려 봐.

④ 他现在一米七三，可能比你 矮 / 低 一点儿。
그는 173cm야. 아마 너보다 좀 작을 거야.

矮
ǎi

❶ [형용사] 사람의 키가 작다. ▶ 중첩 가능(矮矮的 , 胖胖的)

· 小张个子比较矮。
샤오장의 키는 비교적 작다.

· 他又矮又胖。
그는 작고 뚱뚱하다.

❷ [형용사] 사물의 높이가 낮다.

· 这个椅子有点儿矮。
이 의자는 조금 낮다.

· 矮矮的房屋也是一种艺术品。
낮은 집 역시 하나의 예술품이다.

矮低 공통점

❶ [형용사] 학년이 낮다.

· 他在学校里比我矮/低一级。 그는 학교에서 나보다 한 학년이 낮다.

 단어

个子 gèzi 명 키 | 胖 pàng 형 뚱뚱하다 | 椅子 yǐzi 명 의자 | 房屋 fángwū 명 집 | 艺术品
yìshùpǐn 명 예술품 | 学校 xuéxiào 명 학교 | 级 jí 명 학년, 등급

低
dī

❶ [형용사] 물체가 지면에서 가깝다. ▶ 중첩해서 사용하지 않음

· 水位降低了。 수위가 떨어졌다.

· 这架飞机怎么飞得这么低? 이 비행기는 왜 이렇게 낮게 날지?

---

❷ [형용사] 정도·수준이 일반적인 기준이나 평균보다 낮다.

· 他的声音很低。 그의 목소리는 매우 낮다.

· 教师的收入普遍比较低。 교사의 수입은 보편적으로 낮다.

· 我的汉语水平比较低。 나의 중국어 실력은 비교적 낮다.

收入 수입, 价格 가격, 收费 요금, 要求 요구, 效率 효율, 素质 자질, 标准 기준, 成本 원가

---

❸ [동사] 머리를 숙이다.

· 低头道歉。
머리를 숙이고 사과하다.

· 她正低着头玩手机游戏呢。
그녀는 고개를 숙인 채 휴대폰 게임을 하고 있다.

水位 shuǐwèi 명 수위 | 降低 jiàngdī 동 낮추다, 떨어뜨리다 | 架 jià 양 대(기계장치가 되어 있는 것을 세는 단위) | 收入 shōurù 명 수입 | 普遍 pǔbiàn 부 보편적으로 | 价格 jiàgé 명 가격 | 收费 shōufèi 명 요금 | 要求 yāoqiú 명 요구 | 效率 xiàolǜ 명 효율 | 素质 sùzhì 명 자질 | 标准 biāozhǔn 명 기준 | 成本 chéngběn 명 원가

1

나의 여동생은 키가 크고 말랐는데, 나는 키가 작고 뚱뚱하다.

我妹妹又高又瘦，而我又矮又胖。

2

가격이 낮은 것이 가성비가 좋다는 것을 의미하는 것은 아니다.

价格低不代表性价比高。

3

이 나무는 저 나무보다 훨씬 작다.

这棵树比那棵树矮多了。

4

A: 시험 성적이 나왔는데, 나의 수학 점수가 너무 낮아.

B: 너의 문제는 네가 수학에 관심이 없다는 거야.

A: 考试成绩出来了，我的数学分数太低了。

B: 你的问题是你对数学没兴趣。

🔍 **단어**

代表 dàibiǎo **동** 대표하다, 나타내다 ㅣ **性价比** xìngjiàbǐ **명** 가성비 ㅣ **棵** kē **양** 그루(식물을 세는 단위) ㅣ
树 shù **명** 나무 ㅣ **考试** kǎoshì **명** 시험 ㅣ **成绩** chéngji **명** 성적 ㅣ **数学** shùxué **명** 수학 ㅣ **对** duì
전 ~에 대하여 ㅣ **兴趣** xìngqù **명** 흥미

가다

去 VS 走

실력 체크 ✔

① 周日我有个重要的会议，所以不能和你 一起 去 / 走 逛街了。
일요일에 중요한 회의가 있어서, 너랑 같이 쇼핑 못 갈 것 같아.

② 吃完午饭再 去 / 走 吧，我在做鸡蛋面，很快的。
점심 먹고 가자. 나 지금 계란 국수 만드는데 금방 돼.

③ 电梯坏了，只能 去 / 走 上 去 / 走 了。
엘리베이터가 고장이 나서, 걸어서 올라갈 수밖에 없다.

④ 这是教室的公共雨伞，你用完了别忘记还回 去 / 走 。
이것은 교실 공용 우산이니, 사용하고 가져다 놓는 거 잊지 마.

去 qù

❶ [동사] 현재 있는 곳에서 다른 곳으로 가다.

- 你去哪儿? 너 어디 가?
- 我现在去图书馆。 나 지금 도서관에 가.

❷ [동사] (다른 동사 앞에 쓰여) 어떤 일을 하려고 하다.

- 你自己去想办法吧。 너 스스로 방법을 생각해 봐.
- 你去考虑考虑吧，我觉得这是一个好机会。
  한번 고려해 봐. 내 생각에는 좋은 기회인 것 같아.

❸ [동사] (동사 · 동사 구조 뒤에 쓰여) 어떤 일을 하러 가다.

- 他吃饭去了。 그는 밥을 먹으러 갔어요.
- 小王听报告去了。 샤오왕은 보고를 들으러 갔어요.

❹ [동사] (동사 뒤 보어로 쓰여) 동작의 진행 방향을 나타낸다.

- 我们出去吃饭吧。 우리 나가서 밥 먹자.
- 洗手间就在一层左手边，我带你过去。
  화장실은 1층 왼쪽에 있어. 내가 안내해 줄게.

上去 올라가다, 下去 내려가다, 进去 들어가다, 出去 나가다, 回去 돌아가다, 过去 지나가다

❺ 과거를 의미한다. ▶ 시간상의 의미를 말하며 대부분 지나간 일 년을 나타냄

- 去年买的衬衫，现在已经不能穿了。
  작년에 산 셔츠는 지금 입을 수 없게 되었다.

去 走 공통점

❶ [동사] 어떤 장소에서 이동하다.

- 他去/走了吗? 그는 갔어?

❷ [동사] '죽다'라는 의미를 완곡하게 표현한다.

- 奶奶去年去世了。 할머니는 작년에 돌아가셨다.
- 我的小猫前年走了。 나의 고양이는 작년에 떠났다.

단어

办法 bànfǎ 명 방법 | 考虑 kǎolǜ 동 고려하다 | 觉得 juéde 동 느끼다, 생각하다 | 机会 jīhuì 명 기회 | 报告 bàogào 명 보고

走
zǒu

❶ [동사] 사람·동물이 두 발로 이동하다.

- 孩子会走了。 아이가 걷기 시작했다.
- 我一般走路回家。 나는 보통 걸어서 집에 간다.

❷ [동사] 가다, 떠나다. ▶일반적으로 목적어 사용 불가능

- 你知道怎么走吗? 어떻게 가는지 알아?
- 我明天要走了。 나는 내일 가야 해.

怎么走 VS 怎么去
- **怎么走**: 방향을 나타냄
- **怎么去**: 교통수단을 나타냄

❸ [동사] (다른 동사 뒤에 쓰여) 가다, 떠나다.

- 他拿走了我的行李箱。 그가 내 짐 가방을 가져갔다.
- 我的笔记本电脑被小张借走了。 내 노트북은 샤오장이 빌려 갔다.

拿走 가져가다, 抬走 들어서 가다, 带走 가지고 가다, 借走 빌려 가다

❹ [동사] 시계·선박 등이 작동하다.

- 手表不走了。
  시계가 멈췄다.
- 这条船一个钟头能走三十里。
  이 배는 한 시간에 30리를 갈 수 있다.

❸ 다른 동사와 함께 사용할 수 있다.
- 拿去/拿走 가져가다
- 带去/带走 가져가다

一般 yìbān 형 일반적이다 | **行李箱** xínglǐxiāng 명 트렁크, 여행 가방 | **借** jiè 동 빌리다 | **条** tiáo 양 척, 줄기, 가지(가늘고 긴 것을 세는 단위) | **船** chuán 명 배, 선박 | **钟头** zhōngtóu 명 시간

27

📢 이것만 꼭 기억하기

1 언제 한번 내가 너 데리고 근처에 가서 구경시켜 줄게.
哪天我带你去附近走走。

2 우리 나가서 좀 걷자.
我们出去走走吧。

3 그는 강가에서 왔다갔다하고 있다.
他在河边走来走去。

4 A: 안녕하세요. 국가도서관에 가려고 하는데, 어떻게 가는지 아세요?
B: 앞으로 쭉 직진해서, 사거리에서 우회전하세요.

A: 你好，我要去国家图书馆，知道怎么走吗?
B: 往前一直走，到十字路口往右拐。

🔍 단어

带 dài **동** 이끌다, 인도하다 ㅣ **附近** fùjìn **명** 부근, 근처 ㅣ **河边** hébiān **명** 강가, 강변 ㅣ **往** wǎng **전**
~를 향하여 ㅣ **一直** yìzhí **부** 쭉, 곧바로 ㅣ **十字路口** shízì lùkǒu **명** 사거리 ㅣ **拐** guǎi **동** 꺾다, 돌다

가지다, 지니다
拿 vs 带

① 爸爸　你终于回来了！有没有给我们 拿 / 带 礼物?
아빠, 드디어 돌아오셨군요! 저희에게 줄 선물 가져오셨어요?

② 妈，茶杯放得太高，我 拿 / 带 不到。
엄마, 찻잔이 너무 높이 있어서 손이 닿지 않아요.

③ 你马上 拿 / 带 着书包跟我来。
당장 책가방을 들고 나를 따라와.

④ 谢谢你 拿 / 带 我参观你们公司。
너희 회사 구경시켜 줘서 고마워.

拿
ná

❶ [동사] 손으로 잡다, 쥐다. ▶ 그 상태 자체를 강조

- 你帮我拿着。 이것 좀 들고 있어 줘.
- 他手里拿着一把扇子。 그는 손에 부채 하나를 쥐고 있다.

❷ [동사] (가까운 공간 안에서) 가지다. ▶ 목적어는 대부분 구체적인 사물임

- 请把那本书拿来。 저 책을 가져오세요.
- 我去厨房拿点儿糖。 나 주방에 가서 설탕 좀 가져올게.
- 我刚才下地铁时，忘拿伞了。
  나 방금 지하철에서 내릴 때, 우산 가지고 내리는 것을 깜빡했어.

❸ [동사] 받다, 타다, 얻다.

- 我连续两年都拿到了奖学金。
  나는 연속해서 2년동안 장학금을 받았다.
- 今年足球赛我校拿了冠军。
  올해 축구 시합에서 우리 학교가 1등을 했다.

> 拿第一 1등을 하다, 拿金牌 금메달을 따다, 拿工资 월급을 받다

❹ [전치사] ~으로, ~을(를). ▶ 도구·방법·재료·대상·사물 등을 이끌어 냄

- 拿事实证明。 사실로 증명하다.
- 拿他没办法。 그는 답이 없다.
- 你别拿我开玩笑。 나 가지고 농담하지 마.
- 拿我来说，加班是常事。 나로 말하자면, 야근은 다반사다.

 拿带 공통점

❶ [동사] 가지다, 지니다.

- 你拿/带学生证了吗?
  너 학생증 가져 왔어?

🔍 **단어**

厨房 chúfáng 명 주방 | 糖 táng 명 설탕 | 地铁 dìtiě 명 지하철 | 连续 liánxù 동 연속하다 | 奖学金 jiǎngxuéjīn 명 장학금 | 冠军 guànjūn 명 우승, 1등 | 第一 dì-yī 수 1등 | 金牌 jīnpái 명 금메달 | 工资 gōngzī 명 월급 | 事实 shìshí 명 사실 | 证明 zhèngmíng 동 증명하다 | 开玩笑 kāi wánxiào 동 농담하다 | 拿…来说 ná…lái shuō ~에 대하여 말하다, ~을 가지고 말하다

带
dài

❶ [동사] 몸에 지니다, 휴대하다(물건이 손 안 뿐만 아니라 신체, 가방 등에도 있을 수 있음). ▶그 상태 자체를 강조

· 你就去两天，不用带这么多衣服。
너 고작 이틀 가는 거잖아. 이렇게 많은 옷을 가져갈 필요가 없어.

· 你出去的时候带把伞吧，听说今天下大雨。
나갈 때 우산 가져가. 오늘 비 많이 온대.

❷ [동사] 목적어가 구체적 사물일 경우, 비교적 먼 공간에서 가져왔음을 나타낸다. ▶추상적인 목적어도 사용 가능

· 我从家里带来了一些零食。 내가 집에서 간식을 좀 가져왔어.

· 旅游给我带来快乐。 여행은 나에게 즐거움을 가져다 준다.

❸ [동사] 사람을 데리고 어떤 장소를 가다 혹은 아이를 돌보다.

· 爸爸明天要带我去体育馆打篮球。
아버지가 내일 나를 데리고 체육관에 가서 농구를 한다고 하셨다.

· 她不打扫，不洗衣服，连孩子都不带。
그녀는 청소도 안 하고, 빨래도 안 하고, 심지어 아이도 돌보지 않는다.

❹ [명사] 띠, 벨트.

· 请各位乘客系好安全带。
모든 승객은 안전벨트를 해 주시길 바랍니다.

❷ 다른 동사와 함께 사용할 수 있다.
· 拿去/拿走 가져가다
· 带去/带走 가져가다

把 bǎ 양 개(손잡이가 있는 물건을 세는 단위) | 零食 língshí 명 간식 | 旅游 lǚyóu 명 여행 | 体育馆 tǐyùguǎn 명 체육관 | 打篮球 dǎ lánqiú 농구를 하다 | 打扫 dǎsǎo 동 청소하다 | 乘客 chéngkè 명 승객 | 系 jì 동 매다, 묶다 | 安全带 ānquándài 명 안전벨트

1 너 어디 아파? 내가 병원까지 데려다줄 테니 검사 한번 받아볼래?

你不舒服吗? 要不要我带你去医院检查检查?

2 네가 컵이랑 접시 몇 개 좀 더 가져와.

你再拿几个杯子和盘子过来。

3 나 그 사전 좀 집어 줘. 맞다, 너 서점에 가게 되면, 나 영어사전 좀 가져다 줘.

你把那本词典拿给我。对了, 你去书店的话, 帮我带本英文词典回来。

4 A: 내가 먹을 것, 마실 것, 지도 다 챙겨 왔어. 걱정하지 마.

B: 어쩐지 네 가방이 그렇게 무겁더라니. 내가 들어줄게.

A: 我把吃的、喝的、地图都带上了, 你放心。

B: 难怪你那个包那么重, 我帮你拿吧。

 단어

舒服 shūfu 형 편안하다 | **检查** jiǎnchá 동 검사하다 | **词典** cídiǎn 명 사전 | **放心** fàngxīn 동 마음을 놓다 | **难怪** nánguài 부 어쩐지

있다

有 vs 在

1 书桌上 **有 / 在** 几本书。
책상 위에 책 몇 권이 있다.

2 花店 **有 / 在** 超市对面。
꽃가게는 슈퍼 맞은편에 있다.

3 他们不 **有 / 在** 咖啡店。
그들은 커피숍에 있지 않다.

4 牛奶旁边 **有 / 在** 什么?
우유 옆에는 뭐가 있어?

有
yǒu

❶ [동사] '가지고 있다'라는 의미로, 소유를 나타낸다.
▶ [주어(사람) + 有 + 소유 대상(사람·사물·추상적 명사)]

· 我有一本书。 나는 책 한 권을 가지고 있다.
· 我有一个妹妹。 나는 여동생이 하나 있다.
· 他很有热情。 그는 열정을 가지고 있다(=열정적이다).

❷ [동사] '있다'라는 의미로, 존재를 나타낸다. ▶ [장소 + 有 + (불특정) 사물]

· 书桌上有一本书。 책상 위에 책 한 권이 있다.
· 冰箱里有啤酒和可乐。 냉장고 안에 맥주와 콜라가 있다.
· 银行后边有一个超市。 은행 뒤에 슈퍼가 하나 있다.

❸ [동사] ~만큼 되다.

· 这座楼有多高? 이 건물은 높이가 얼마나 되나요?
· 这个行李有多重? 이 짐은 무게가 얼마나 되나요?

> 有多大 크기가 얼마나 되나요, 有多重 무게가 얼마나 되나요,
> 有多宽 너비가 얼마나 되나요, 有多长 길이가 얼마나 되나요

❹ [동사] 어느, 어떤. ▶ 불특정 사람·사물·시간을 나타냄

· 有时候 가끔
· 有一天 어느 날
· 有人 어떤 사람
· 有一个周末 어느 주말

 단어

热情 rèqíng **명** 열정 | 冰箱 bīngxiāng **명** 냉장고 | 座 zuò **양** 채(건물·산·교량 등을 세는 단위) | 楼 lóu **명** 건물 | 宽 kuān **형** 넓다

在
zài

❶ [동사] 어떤 장소에 존재하다.

▶ [주어(사람 · 사물) + 在 + 장소(장소를 나타내는 명사 or 명사+방위사)]

· 书在书桌上。 책은 책상 위에 있다.

· 我在学校。 나는 학교에 있다.

❷ [전치사] ~에(서), ~에 있어서. ▶ 장소 · 시간 · 범위 · 조건 등을 나타냄

· 他在咖啡店做什么? 그는 커피숍에서 뭐 하고 있어?

· 祝你在新的一年里身体健康。 새해에는 건강하길 바라.

· 在他的帮助下，事情终于解决了。
그의 도움으로 일이 마침내 해결되었다.

❸ [부사] ~하고 있는 중이다.

· 你在干什么呢? 너 뭐 하고 있는 중이야?

· 她在收拾行李呢。 그녀는 짐을 정리하고 있어.

在 VS 正在 VS 正
· 在: 동작 진행 강조
· 正在: 동작 진행+동작 시점 강조
· 正: 동작 시점 강조
– 我在看书呢。
나는 책을 보고 있어.
▪ 你跟我联系时，我正在看书呢。
네가 나에게 연락했을 때, 나는 책을 보고 있었어.
– 请稍等一下，儿子正看书呢。
잠시만 기다려주세요. 아들이 책을 보고 있어요.

祝 zhù 동 바라다, 빌다 | 身体 shēntǐ 명 신체 | 健康 jiànkāng 형 건강하다 | 帮助 bāngzhù 명 도움 | 事情 shìqing 명 일 | 终于 zhōngyú 부 결국, 마침내 | 解决 jiějué 동 해결하다

1

나는 급한 일이 있어서 나가야 하니, 사무실에서 나 좀 기다려 줘.

我有急事要出去了，你在办公室等我一下。

2

그는 선생님의 도움 하에 많은 발전을 했다.

他在老师的帮助下有了很大的进步。

3

나 젓가락질 많이 늘었지? 나 계속 연습하고 있거든. 벌써 반년이 되었어.

我筷子用得好多了吧? 我一直都在练习，已经有半年了。

4

A: 그 책 두 권 어때? 나에게 몇 권 더 있으니 보고 싶으면 나를 찾아와.

B: 재미있어. 나 아직 보고 있는데, 다음 주에 돌려줘도 괜찮을까?

A: 那两本书怎么样? 我这儿还有几本，想看就找我。

B: 很好看，我还在看呢，下周还你可以吗?

단어

急事 jíshì 명 급한 일 | **办公室** bàngōngshì 명 사무실 | **进步** jìnbù 명 진보 | **筷子** kuàizi 명 젓가락 | **练习** liànxí 동 연습하다 | **还** hái 부 아직도, 여전히 | **还** huán 동 돌려주다

얼마 vs 몇

多少 vs 几

1 你这个月信用卡要还 多少 / 几 钱?
너 이번 달 신용카드 얼마 갚아야 해?

2 你要买 多少 / 几 张电影票?
너 영화표 몇 장 살 거야?

3 这个季节的葡萄真贵，一公斤要十 多少 / 几 块钱。
이 계절의 포도는 너무 비싸서 1kg에 10여 위안이 든다.

4 那个房子有 多少 / 几 年历史了?
저 집은 역사가 얼마나 됐어?

多少 duōshao

❶ [대명사] 수량이 비교적 큰 경우에 사용한다.

- 你们班有多少学生? 너희 반 학생은 몇 명이야?
- 小夏，我们多少年没见了? 샤오시아, 우리 얼마나 못 봤지?

❷ [대명사] 금액 · 번호 · 온도 · 무게 등에 사용한다.

- 从北京飞往南京的飞机票多少钱一张?
  베이징에서 난징으로 가는 비행기표는 한 장에 얼마야?
- 你的电话号码/信用卡密码是多少?
  네 전화번호/신용카드 비밀번호는 몇 번이야?
- 教室里的温度是多少度?
  교실 안의 온도는 몇 도야?
- 你多少公斤?
  너는 몸무게가 얼마나 돼?

❸ [대명사] 확정적이지 않은 수를 나타낸다.

- 我知道多少说多少。 내가 아는 만큼 이야기할게.

多少 几 공통점

❶ [대명사] 모두 '수량이 얼마나 되는지'를 나타낸다.

- 教室里有多少/几个人? 교실 안에 몇 명이 있어?
- 你打算一共要玩儿多少/几天? 너는 며칠 동안 놀 계획이야?

🔍 단어

飞往 fēiwǎng 동 (비행기로) ~로 날아가다, ~로 비행하다 │ 号码 hàomǎ 명 번호 │ 信用卡 xìnyòngkǎ
명 신용 카드 │ 密码 mìmǎ 명 비밀 번호 │ 教室 jiàoshì 명 교실 │ 温度 wēndù 명 온도 │ 公斤
gōngjīn 양 킬로그램(kg)

几 jǐ

❶ [대명사] 숫자·수량(주로 10 이하의 수)을 물을 때 사용한다.

- 你打算呆几天? 며칠 묵을 예정이세요?
- 你好，你们一共几位? 안녕하세요. 모두 몇 분이세요?
- 小朋友，你今年几岁了? 꼬마야, 너 올해 몇 살이야?

❷ [대명사] 시간·서수·날짜 등에 사용한다.

- 现在几点?
  지금 몇 시야?
- 你这是第几次去北京出差?
  이번이 몇 번째로 베이징으로 출장 가는 거예요?
- 今天几月几号星期几?
  오늘은 몇 월 며칠 무슨 요일이야?

❸ [수사] 1~9 사이의 확정적이지 않은 수를 나타낸다.

- 十几个 열 몇 개
- 二十几岁 스물 몇 살
- 几千块 몇 천 위안
- 几本书 책 몇 권

❷ 양사, 명사와 함께 쓰인다.

- 多少钱，几块钱 얼마
- 多少/几个学生 학생 몇 명

打算 dǎsuàn 동 ~할 계획이다, 생각이다 | 呆 dāi 동 머물다, 지내다 | 一共 yígòng 부 전부, 합계 |
出差 chūchāi 동 출장을 가다

1

팩스 번호가 어떻게 되세요? 자료 몇 부를 보내려고요.

你的传真号码是多少? 我想发几份材料。

2

미국으로 열흘 남짓 여행 가는 데 돈이 얼마나 들어요?

去美国旅行十几天要花多少钱?

3

말씀 좀 묻겠습니다. 비행기 탑승 시 짐 가방은 최대 몇 개를 휴대할 수 있나요? 무게 제한은 얼마인가요?

请问，坐飞机最多可以带几个行李箱? 重量限制是多少?

4

A: 이번에 만리장성으로 참관 가는 학생은 모두 몇 명인가요?

B: 현재 30여 명 정도 돼요.

A: 这次一共有多少个学生去参观长城?

B: 现在有三十几个。

🔍 **단어**

传真 chuánzhēn **명** 팩스(fax) ｜ **发** fā **동** 보내다 ｜ **份** fèn **양** 부(신문·문건 등을 세는 단위) ｜ **材料** cáiliào **명** 자료 ｜ **花** huā **동** (시간·돈 등을) 쓰다 ｜ **重量** zhòngliàng **명** 중량, 무게 ｜ **限制** xiànzhì **명** 제한 ｜ **参观** cānguān **동** 참관하다

매, 각

每 vs 各

실력 체크 ✓

① 每 / 各 位乘客请注意，飞往上海的航班马上要起飞了。
승객 여러분 주의해 주세요. 상하이로 가는 항공편이 곧 이륙합니다.

② 大学有 每 / 各 种 每 / 各 样的比赛。
대학에는 각양각색의 시합이 있다.

③ 老师 每 / 各 两周会开一次读书会。
선생님은 2주에 한 번씩 독서회를 여신다.

④ 为了将来少些后悔，请认真过好 每 / 各 一天。
장래에 후회를 덜 하기 위해 하루하루를 열심히 보내세요.

每
měi

❶ [대명사] 어떤 범위 내에 있는 모든 개체. ▶ 개개의 공통점을 강조

- 每个生命都应该被尊重。 모든 생명은 다 존중받아야 한다.

- 这家店的水果每公斤要比别的地方贵。
  이 상점의 과일은 다른 곳보다 1kg 당 (가격이) 비싸다.

❷ [부사] '~마다'라는 의미로, 반복되는 동작 중에서 정기적인 한 차례를 나타낸다.

- 医生让我每隔三天来医院做检查。
  의사는 나에게 3일마다 병원에 와서 검사하라고 했다.

- 我的生日是2月29日，每四年才能过一次生日。
  나의 생일은 2월 29일이라서 4년에 한 번 생일을 보낼 수 있다.

❸ 양사 없이 명사와 사용할 수 있는 단어가 사람과 시간으로 제한된다.

每人 모든 사람, 每家 모든 집, 每年 매년, 每月 매월, 每日 매일, 每天 매일,
每星期 매주, 每周 매주

❹ 수량사와 결합되어 일종의 규칙을 나타낸다.

- 每两个人一份材料，请不要多拿。
  자료는 두 사람당 한 부씩입니다. 더 많이 가져가지 마세요.

- 每十个人为一个小组，选一个小组长。
  열 명씩 한 팀으로 하고, 팀장을 한 명 뽑아 주세요.

每各 공통점

❶ [대명사] 어떤 범위 내에 있는 모든 개체.

- 他学习很努力，每/各门功课都很优秀。
  그는 공부를 열심히 해서, 매/각 과목 모두 우수하다.

- 每/各项工作都按原定计划完成了。
  매/각 업무들은 원래 계획대로 완성되었다.

 단어

生命 shēngmìng 명 생명 | 被 bèi 전 ~에 의하여 당하다 | 尊重 zūnzhòng 동 존중하다 | 隔 gé 동
떨어져 있다, 사이를 두다 | 为 wéi 동 ~이다 | 小组 xiǎozǔ 명 소그룹, 소모임 | 选 xuǎn 동 고르다 |
组长 zǔzhǎng 명 팀장

各
gè

❶ [대명사] 하나가 아닌 여러 개. ▶ 개개의 다름을 강조

- 各位观众，大家晚上好。
  관객 여러분, 모두 안녕하세요.
- 我们学校有来自世界各地的学生。
  우리 학교에는 세계 각지에서 온 학생들이 있다.

❷ [부사] '각각, 각기'라는 의미로, 같은 일을 하는 사람이 한 명이 아니거나 같은 속성을 한 사물만 갖고 있지 않음을 나타낸다.

- 比赛中他们两人各进一球。
  시합에서 그들 둘은 각자 한 골씩 넣었다.
- 我们各有各的立场，常常发生矛盾。
  우리는 각자의 입장이 있어, 갈등이 자주 발생한다.

❸ 양사 없이 명사와 직접 사용할 수 있는 명사가 비교적 많다.

各国 각국, 各地 각지, 各班 각 반, 各方面 각 방면, 各校 각 학교

❹ '各…各…'처럼 고정적인 형식이 있다.

- 各有各的 제각기 다른, 제각각
- 各种各样 각양각색
- 各行各业 각양각색의 직업
- 各家各户 집집마다

❷ 양사, 명사와 함께 쓰인다.

- 每个人 모든 사람
- 每张照片 모든 사진마다
- 各位乘客 모든 승객
- 各方面人士 각 방면 인사

观众 guānzhòng **명** 관중 | 来自 láizì **동** ~로부터 오다 | 世界 shìjiè **명** 세계 | 比赛 bǐsài **명** 경기, 시합 | 进球 jìnqiú 골을 넣다 | 立场 lìchǎng **명** 입장 | 常常 chángcháng **부** 늘, 항상 | 发生 fāshēng **동** 생기다, 발생하다 | 矛盾 máodùn **명** 모순, 갈등

1 삶에서 모든 사람의 견해는 각기 다르다.
生活中，每个人的看法都各不相同。

2 모든 사람들은 각양각색의 사람들과 만나게 된다.
每个人都会遇见各种各样的人。

3 최근에는 거의 매일 각양각색의 새로운 정보들이 생겨난다.
最近几乎每天都有各种各样的新信息。

4 A: 각 학교의 학생 모집 계획은 보통 매년 언제 발표하나요?
B: 보통 2월에서 5, 6월입니다.

A: 各个学校招生计划一般在每年什么时候发布？
B: 一般是二月份到五、六月份吧。

🔍 **단어**

看法 kànfǎ 명 견해, 생각 | **各不相同** gèbù xiāngtóng 성 제각기 다르다 | **遇见** yùjiàn 동 우연히 만나다 | **信息** xìnxī 명 소식, 정보 | **招生** zhāoshēng 동 학생을 모집하다 | **计划** jìhuà 명 계획 | **发布** fābù 동 발표하다

아니다

不 vs 没

실력 체크 ✓

① 这双鞋穿着真 **不 / 没** 舒服。

이 신발은 신으면 정말 불편해.

② 我根本 **不 / 没** 认识这个人。

나는 이 사람을 전혀 모른다.

③ 我晚饭 **不 / 没** 吃饱，有点儿饿了。

저녁을 배부르게 먹지 않았더니 배가 좀 고프네.

④ 这个颜色店里暂时 **不 / 没** 有，要等几天才能到货。

이 색상은 매장에서 잠시 품절이라, 며칠 더 기다려야 물건을 받을 수 있어요.

不
bù

❶ [부사] (형용사 혹은 일부 인지를 나타내는 동사 앞에 쓰여) 주관적, 객관적 상태를 부정한다. ▶[不 + 형용사/'인지' 동사]

- 你今天不舒服吗? 너 오늘 어디 아파?
- 这个月信用卡要还12000元，不知道什么时候花了这么多。
  이번 달 신용카드 12,000위안을 갚아야 하는데, 언제 이렇게 많이 썼는지 모르겠어.

不聪明，不红，不难，不热，不知道，不认识，不认为，不觉得

❷ [부사] (성질·속성을 나타내는 동사와 심리를 나타내는 동사 앞에 쓰여) 객관적 상태를 부정한다. ▶[不 + '성질·속성·심리' 동사]

- 他不是我弟弟。 그는 나의 남동생이 아니야.
- 我不喜欢学习数学。 나는 수학 배우는 것을 좋아하지 않아.

不是，不像，不叫，不喜欢，不爱，不讨厌

❸ [부사] (조동사 앞에 쓰여) 의지·의무·추측·능력 등의 주관적, 객관적 상태를 부정한다. ▶[不 + 조동사]

- 我不想吃了，刚才吃了很多米饭。
  난 먹고 싶지 않아. 방금 밥을 많이 먹었거든.
- 对不起，今天要上班，不能去送你，你自己小心。
  미안하지만 오늘 출근해야 해서 널 데려다줄 수 없어. 스스로 조심해.

❹ [부사] 상황·계획·습관·의지·추측·미래 등을 부정한다.

- A: 明天下雪吗? 내일 눈 와?
  B: 不下。 안 와.
- 我明天不去打网球。 나는 내일 테니스를 치러 가지 않는다.
- 我从来不喝酒，不抽烟。 나는 여태껏 술과 담배를 하지 않았다.

❺ [부사] 비교문의 부정문에 사용한다.
▶ 비교 주체가 비교 기준보다 못하거나 비슷함

- 今天不比昨天冷。 오늘이 어제보다 추운 건 아니다.

聪明 cōngming 형 똑똑하다 | 认识 rènshi 동 알다 | 认为 rènwéi 동 여기다, ~라고 생각하다 | 像 xiàng 동 닮다 | 讨厌 tǎoyàn 동 싫어하다 | 上班 shàngbān 동 출근하다 | 送 sòng 동 보내다, 배웅하다 | 打网球 dǎ wǎngqiú 테니스를 치다 | 抽烟 chōuyān 동 담배(를) 피우다

没
méi

❶ [부사] (동사 '有' 앞에 쓰여) 소유를 부정한다.

- 家里有菜，有鱼，还有些羊肉，但是没有水果了。
  집에는 채소, 생선, 그리고 양고기가 있지만, 과일은 없다.

- 你最好再检查一下，看还有没有问题。
  너 다시 한번 검토해 보는 게 좋겠어. 문제가 있는지 없는지 봐.

没有姐姐，没有钱，没有词典，没有经验

❷ [부사] (동작을 나타내는 동사 앞에 쓰여) 현재나 과거의 완료 · 결과 · 경험 · 진행 · 지속을 부정한다.

▶ [没 + 동사] – 과거에 어떤 일이 발생하지 않았음

- 我没去过中国。 (과거, 경험) 나는 중국에 가 본 적이 없다.

- 他昨天没来上课。 (과거, 완료) 그는 어제 수업에 오지 않았다.

▶ [没 + 동사] – 현재의 결과 · 지속 · 진행을 부정

- 我还没写完作业。 (현재, 결과) 나는 숙제를 다 하지 못했다.

- 空调没开着。 (현재, 지속) 에어컨은 켜져 있지 않다.

- 他们没在看电影，在看书呢。
  (현재, 진행) 그들은 영화를 보고 있지 않고 책을 보고 있어요.

▶ [没 + 동사] – 현재 · 미래의 완료를 부정

- 我没吃早饭。 (현재, 완료) 나는 아침을 먹지 않았다.

- 如果下次我没回你短信，就证明我在睡觉。
  (미래, 완료) 만약 다음번에 내가 네 메시지에 대답하지 않았다면, 내가 자고 있다는 거야.

❸ [부사] 비교문의 부정문에 사용한다. ▶ 비교 주체가 비교 기준보다 못함

- 今天没有昨天冷。 오늘은 어제만큼 춥지 않다.

鱼 yú 명 물고기, 생선 | 羊肉 yángròu 명 양고기 | 经验 jīngyàn 명 경험 | 短信 duǎnxìn 명 문자

1 이런 케이크는 달지 않은데, 초콜릿을 넣지 않았기 때문이야.

这种蛋糕不甜，没放巧克力。

2 과거에 이 거리에는 작은 가게를 제외하고는 아무 것도 없었다. 지금처럼 호텔과 은행이 이렇게 많지 않았다.

过去，这条街上除了有一家小商店外，什么都没有，不像现在，有这么多宾馆和银行。

3 공항에 도착해서 나는 여권과 비행기표가 모두 보이지 않는다는 것을 알았다. 가방 안을 한참 동안 찾았는데도 찾지 못해서 매우 조급해졌다.

到了机场，我发现护照和机票都不见了，在行李箱里找了半天，也没找到，很着急。

4 A: 이 책은 누구 거야? 너 알고 있어?

B: 모르겠는데, 위에 이름 안 쓰여 있어?

A: 这本书是谁的？你知道吗？

B: 不知道，上面没写名字吗？

단어

蛋糕 dàngāo 명 케이크 ㅣ 放 fàng 동 넣다 ㅣ 巧克力 qiǎokèlì 명 초콜릿 ㅣ 街 jiē 명 길, 거리 ㅣ 除了 chúle 전 ~을 제외하고 ㅣ 护照 hùzhào 명 여권 ㅣ 着急 zháojí 형 조급하다

조금

一点儿 vs 有点儿

① 好了没? 电梯来了，快 一点儿 / 有点儿 。
다 됐어? 엘리베이터 왔다. 빨리해.

② 这双鞋我第一次穿，脚 一点儿 / 有点儿 疼。
이 신발은 처음으로 신은 거라 발이 조금 아프다.

③ 这是我第一次下水，我 一点儿 / 有点儿 害怕。
나 처음 수영하는 거라 조금 무서워.

④ 我打算从明天开始少吃 一点儿 / 有点儿 ，多游泳，让自己变
瘦 一点儿 / 有点儿 。
내일부터 밥을 적게 먹고 수영을 많이 해서 살을 좀 뺄 거야.

一点儿
yìdiǎnr

❶ [수량사] (술어(동사 · 형용사) 뒤 보어로 쓰여) 소량을 나타낸다.
  ▶ [형용사/동사 + 一点儿]

· 他比我高一点儿。 그는 나보다 키가 조금 크다.

· 你声音大一点儿好吗? 목소리 좀 크게 해 줄래요?

· 你多吃点儿。 많이 좀 먹어.

· 您再向右边站一点儿，非常好!
  조금 더 오른쪽으로 서 주세요. 아주 좋아요!

❷ [수량사] (명사 · 지시대명사와 결합하여) 아주 작은 수량 혹은 작은
  정도를 나타낸다. ▶ [一点儿 + 명사/지시대명사]

· 这只是一点儿小错，你没有必要去自责。
  이건 그냥 작은 실수일 뿐이야. 자책할 필요 없어.

· 我只剩下一点儿力气了。
  나는 힘이 조금밖에 안 남았다.

❸ '一点儿也(都)不(没)' 형식으로 사용하여, '조금도 ~하지 않다'의 의
  미를 나타낸다.

· 我一点儿都不吃惊。
  나는 조금도 놀라지 않았다.

· 今天老师讲的内容，我一点儿也不懂。
  오늘 선생님이 설명한 내용을 나는 하나도 못 알아 들었다.

 단어

向 xiàng 전 ~을 향해 ｜ 站 zhàn 동 서다 ｜ 只是 zhǐshì 부 다만, 오직 ｜ 小错 xiǎocuò 작은 잘못 ｜
必要 biyào 명 필요 ｜ 自责 zìzé 동 자책하다 ｜ 力气 lìqì 명 힘, 기운 ｜ 吃惊 chījīng 형 놀라다 ｜ 内
容 nèiróng 명 내용

有点儿
yǒudiǎnr

❶ [부사] 정도가 약하거나 심하지 않을 때 사용한다(부정적 어감).

▶ [有点儿 + 형용사/동사]

· 我当时有点儿紧张。

　　나는 당시에 좀 긴장했었다.

· 我昨晚没睡好，现在有点儿头疼。

　　나 어제 저녁에 잠을 잘 못 잤더니, 지금 머리가 조금 아파.

· 我有点儿看不清楚，我们坐前面吧。

　　나 조금 잘 안 보여. 우리 앞쪽에 앉자.

有 + (一)点 + 명사 : ~가 조금 있다

－ 我有点儿事要出去。

　　나 일이 좀 있어서 나가야 해.

－ 看来有点儿希望。

　　보아하니 희망이 좀 있다.

紧张 jǐnzhāng 형 긴장하다 ｜ 清楚 qīngchu 형 분명하다

1
너는 여전히 몸이 좀 좋지 않으니, 조금 따뜻한 옷을 입고 나가도록 해.
你身体还有点儿不舒服，穿件厚一点儿的衣服再出去。

2
나의 그 노트북이 조금 무거워서, 조금 가벼운 것으로 바꾸고 싶다.
我的那台笔记本电脑有点儿重，我想换台轻一点儿的。

3
어제 우리 남편이 바지 한 벌을 샀는데 조금 작더라고요. 조금 큰 사이즈로 바꿔 줄 수 있나요?
昨天我先生买了条裤子，稍微有点儿小。你能不能帮我换条大一点儿号的?

4
A: 어때? 물 온도는 괜찮아?
B: 약간 좀 차가워. 뜨거운 물을 좀 더 넣자.

A: 怎么样? 水温可以吗?
B: 稍微有点儿凉，再加一点儿热水吧。

단어

轻 qīng **형** 가볍다 ｜ **裤子** kùzi **명** 바지 ｜ **水温** shuǐwēn **명** 수온 ｜ **稍微** shāowēi **부** 약간, 조금 ｜
加 jiā **동** 더하다

12

시간

时间 VS 时候

① 我借的这本书今天必须还了，但我没 时间 / 时候 去。
내가 빌린 이 책은 오늘 꼭 반납해야 하는데 갈 시간이 없다.

② 这本书写得很有意思，我只花了三天的 时间 / 时候 就读完了。
이 책은 정말 재미있어서 3일만에 다 읽었다.

③ 你还是秋天再来旅游吧，那 时间 / 时候 天气不冷也不热。
가을에 다시 여행하러 와. 그때는 날씨가 춥지도 덥지도 않아.

④ 这张照片是什么 时间 / 时候 拍的?
이 사진은 언제 찍은 거야?

时间
shíjiān

❶ [명사] 시간.

· 时间过得真快！ 시간이 정말 빨리 지나가!

· 很多人年轻的时候不懂得时间有那么重要。
많은 사람들은 젊을 때 시간이 그렇게 중요하다는 것을 알지 못한다.

---

❷ [명사] 시작점과 종점이 있는 한 단락의 확실한 시간.

· 从这儿到机场大概需要多长时间？
여기서부터 공항까지 대략 얼마나 걸려?

· 他骑着自行车，花了几年的时间走完了大半个中国。
그는 자전거를 타면서 몇 년 동안 중국 대부분을 여행했다.

---

❸ [명사] ~을 하는 시간(the time of doing sth.).

▶ [명사/동사/형용사 + (的)时间]

· 上课时间是每天上午九点。 수업 시간은 매일 오전 9시이다.

· 别忘了会议时间是下午两点。
회의 시간은 오후 2시라는 거 잊지 마세요.

▶ [수량사 + 时间]

· 给你五分钟时间整理房间。 너에게 5분간 방을 정리할 시간을 줄게.

---

❹ [명사] 시간 안의 어떤 시점.

· 现在的时间是十点二十分。 지금 시간은 10시 20분이다.

 时间 **时候** 공통점

❶ 모두 '기점과 종점이 있는 시간'을 나타낸다.

🔍 단어

年轻 niánqīng 형 젊다 | **懂得** dǒngde 동 알다, 이해하다 | **重要** zhòngyào 형 중요하다 | **大概**
dàgài 부 대략 | **需要** xūyào 동 필요하다 | **整理** zhěnglǐ 동 정리하다 | **房间** fángjiān 명 방

时候
shíhou

❶ [명사] 어느 시기의 비교적 짧은 시간.

· 小的时候我和他是邻居，经常在一起玩儿。
어렸을 때 나와 그는 이웃이었고, 항상 같이 놀았다.

· 我今天游泳的时候，耳朵进水了，很不舒服。
나는 오늘 수영할 때 귀에 물이 들어가서 불편하다.

什么时候 언제, 小时候 어렸을 때, 那时候 그때, …的时候 ~할 때

❷ [명사] ~할 때(when doing sth.). ▶ [동사(구) + 的时候]

· 爬山的时候要小心点儿。
등산할 때는 조심해야 해.

· 你看见我的词典了吗? 我中午写作业的时候还用过呢。
너 내 사전 봤어? 나 점심에 숙제할 때도 사용했는데.

邻居 línjū 명 이웃 | 经常 jīngcháng 부 자주, 종종 | 游泳 yóuyǒng 동 수영하다 | 耳朵 ěrduo 명 귀 | 爬山 páshān 동 등산하다 | 写作业 xiě zuòyè 숙제하다

1 너 이번에 얼마나 떠나 있을 거야? 대략 언제 돌아와?

你这次要离开多长时间？大概什么时候回来？

2 일하기 전에 먼저 무엇을 해야 하고 나중에 무엇을 할지 분명하게 생각해야 일을 할 때 많은 시간을 아낄 수 있다.

做事情以前想清楚先做什么后做什么，做的时候就可以少花很多时间。

3 눈 건강을 위해 우리는 장시간 동안 휴대폰이나 컴퓨터를 해서는 안 되며, 책을 볼 때도 눈을 책으로부터 너무 가까이 두어서는 안 된다.

为了眼睛的健康，我们不要长时间玩手机或者电脑，看书的时候也不要让眼睛离书本太近。

4 A: 샤오리, 나와 함께 노트북 사러 갈 수 있어? 너 언제 시간 있어?

B: 나 이번 주에 아무 때나 다 괜찮아.

A: 小李，你能不能陪我一起去买台笔记本电脑？你什么时候有时间？

B: 我这个周末哪个时间都可以。

单어

离开 líkāi 동 떠나다 | **为了** wèile 전 ~을 위해서 | **书本** shūběn 명 책 | **陪** péi 동 동반하다

13

번, 회(동작의 횟수)

遍 vs 次 vs 趟

실력 체크 ✓

① 世界公园特别大，如果你是第一 遍 / 次 / 趟 进去玩儿，我觉
得你需要带一张地图。
세계공원이 매우 커 마약 처음 녹러 가는 거라며 지도 하 장을 가져가야 할 거야

② 我得先去 遍 / 次 / 趟 邮局办点儿事。
나 일단 우체국에 가서 일을 좀 처리해야 해.

③ 你再检查一 遍 / 次 / 趟 地址。
주소 다시 한번 확인해 봐.

④ 这个瓶子里的药每天吃三 遍 / 次 / 趟 ，吃药以前先吃点儿
东西。
이 병 안의 약은 매일 세 번 드시고, 복용 전에 먼저 뭘 좀 드세요.

遍
biàn

❶ [양사] 동작을 셀 때 사용한다. ▶ 처음부터 끝까지의 완전한 과정을 강조

· 那本小说我已经读了很多遍了。
  그 소설은 이미 여러 번 읽었다.

· 不好意思，我刚才没听懂，请再说一遍好吗?
  죄송해요. 제가 방금 이해를 못 했어요. 다시 한 번 말씀해 주시겠어요?

> 看一遍 한 번 보다, 听一遍 한 번 듣다, 说一遍 한 번 말하다, 写一遍 한 번 쓰다, 读一遍 한 번 읽다

❷ [양사] (동사 뒤 보어로 쓰여) 전체, 모든이라는 뜻을 나타낸다.

· 走遍世界各地。 세계 각지를 돌아다니다.

· 读遍图书馆的书。 도서관의 책을 전부 다 읽다.

次
cì

❶ [양사] 동작·행위가 반복된 횟수를 셀 때 사용한다.

· 那个地方我去年春天去过一次。
  그곳은 내가 작년 봄에 한 번 간 적이 있다.

· 我女儿一个故事听两三次，就能记住。
  내 딸은 하나의 이야기를 두 세번 들으면 바로 기억하더라고.

❷ [양사] (지시대명사·명사·수사와 함께 쓰여) 시점을 나타낼 때 사용한다.

· 她是这次活动的负责人。
  그녀가 이번 행사의 담당자(책임자)예요.

· 记得拿护照，别像上次那样忘在家里了。
  여권 가져오는 거 기억해. 지난번처럼 집에 두고 오면 안 돼.

· 第一次跟女朋友见面的时候，我特别紧张。
  처음 여자친구와 만났을 때, 나는 무척 긴장했었다.

 단어

小说 xiǎoshuō 명 소설 | **读** dú 동 읽다, 공부하다 | **故事** gùshi 명 이야기 | **活动** huódòng 명 행사, 활동 | **负责人** fùzérén 명 책임자 | **特别** tèbié 부 매우

趄
tàng

❶ [양사] 왕복의 개념으로 동작의 횟수를 셀 때 사용하며, 항공편을 나타내는 양사로도 사용한다.

· 家里没有啤酒了，我去趟超市。
집에 맥주가 없네. 나 슈퍼에 다녀올게.

· 今年暑假我去广西玩儿了一趟。
올해 여름방학에 나는 광시로 놀러 갔었다.

· 他好像乘坐九点的这趟航班。
그는 아마도 9시 항공편을 타는 것 같아.

去一趟 한 번 가다, 走一趟 한 번 가다, 来一趟 한 번 오다, 跑一趟 한 번 뛰다

广西 Guǎngxī 명 광시좡족자치구 ┃ 好像 hǎoxiàng 부 아마 ┃ 乘坐 chéngzuò 동 (자동차 · 배 · 비행기 등을) 타다 ┃ 航班 hángbān 명 항공편, 비행기

1 사과는 쉽게 상하니 다음번에는 이렇게 많이 사지 마.

苹果容易坏，下次别买这么多了。

2 이 외국 소설을 나는 이미 두 번이나 읽었다.

这部外国小说我已经读过两遍了。

3 나 조금 있다가 대사관에 가야 해. 너희들은 나를 기다리지 않아도 돼.

一会儿我得去一趟大使馆，你们都不用等我了。

4 나는 작년 춘절에 난징에 갔었는데, 올해 다시 갔을 때, 난징의 변화가 무척 크다는 것을 알았다.

我去年春节去过一次南京，今年再去的时候，发现那里的变化非常大。

 단어

容易 róngyi 형 쉽다, ~하기 용이하다 ┃ **坏** huài 형 나쁘다, 상하다 ┃ **大使馆** dàshǐguǎn 명 대사관 ┃ **南京** Nánjīng 명 난징(중국 도시)

집

家 vs 房子

1 这个 家 / 房子 附近有超市、公园，离地铁站也很近。
이 집은 근처에 슈퍼와 공원이 있고, 지하철역에서도 가깝다.

2 他 家 / 房子 住三层，我们走楼梯上去吧。
그의 집이 3층이니 우리 계단으로 올라가자.

3 我们俩约好这礼拜天在咱 家 / 房子 对面的咖啡馆见。
우리 둘은 이번 주 일요일에 우리 집 맞은편 커피숍에서 만나기로 약속했다.

4 新租的 家 / 房子，你还满意吗?
새로 계약한 집은 마음에 들어?

家
jiā

❶ [명사] 가정, 집안, 가족.

· 你家有几口人？ 너희 가족은 몇 명이야?

· 他家非常有钱。 그의 집안은 돈이 무척 많다.

❷ [명사] 가족들이 사는 장소로서의 집(home).

· 我家在北京。
우리 집은 베이징에 있다. (= 나는 베이징에 산다.)

· 你看起来不太舒服，请假回家休息吧。
너 아파 보여. 휴가 내고 집에 가서 쉬어.

❸ [양사] 상점 · 회사 등 영리 집단을 세는 단위.

· 学校旁边有一家面包店。
학교 옆에 빵집이 하나 있다.

· 公司对面那条街上就有一家邮局，离这儿很近。
회사 맞은편 그 길에 우체국이 하나 있는데, 여기에서 가깝다.

 단어

邮局 yóujú 명 우체국

房子
fángzi

❶ [명사] 매매가 가능한 건축물로서의 집(house, room).

- 房东 집주인　　　• 房租 집세

- 房子虽然旧了，但是很干净。
  집이 비록 낡긴했지진 그래도 깨끗하다.

- 虽然这里是郊区，但周围交通很方便，所以很多年轻人都在这里租房子住。
  비록 이곳은 교외지만, 주변 교통이 편리해서 많은 젊은 사람들이 이곳에서 세들어 산다.

找房子 집을 구하다, 租房子 집을 임대하다, 买卖房子 집을 매매하다

旧 jiù 형 낡다, 오래되다 ┃ 干净 gānjìng 형 깨끗하다 ┃ 虽然…但… suīrán… dàn… 접 비록 ~할지라도 그러나 ~하다 ┃ 郊区 jiāoqū 명 교외 ┃ 交通 jiāotōng 명 교통 ┃ 方便 fāngbiàn 형 편리하다

1 옛 집을 철거해야 해서 그는 어쩔 수 없이 이사해야 한다.

由于老房子要拆了，他不得不搬家。

2 집은 구했어? 언제 이사해?

房子找好了吗？什么时候搬家？

3 어제 내가 친구 집에 놀러 갔는데, 집이 크고 예쁘며 주변도 조용하고 환경 역시 좋더라고.

昨天我去朋友家玩儿，他的房子又大又漂亮，周围很安静，环境也不错。

4 A: 새로 계약한 집은 어때? 만족해?

B: 꽤 괜찮아. 우리 집 식구들 모두 만족해.

A: 新租的房子怎么样？还满意吗？

B: 挺不错，我们全家人都很满意。

단어

拆 chāi **동** 헐다, 부수다, 해체하다 ｜ 搬家 bānjiā **동** 이사하다 ｜ 周围 zhōuwéi **명** 주위 ｜ 安静 ānjìng **형** 조용하다 ｜ 环境 huánjìng **명** 환경 ｜ 不错 búcuò **형** 괜찮다, 좋다 ｜ 租 zū **동** 임대하다, 빌리다 ｜ 满意 mǎnyì **형** 만족하다

분

分 vs 分钟

실력 체크

1 现在差五 分 / 分钟 九点。
지금은 9시 5분 전이다.

2 我叫了辆出租车，几 分 / 分钟 后就到楼下。
내가 택시 불렀어. 몇 분 후면 건물 아래에 도착할 거야.

3 找您10角5 分 / 分钟 ，欢迎再来。
10쟈오 5펀 거슬러 드릴게요. 다음에 또 오세요.

4 我上个星期就搬家了，走路10 分 / 分钟 就到。
나 지난주에 이사했어. 걸어서 10분이면 도착해.

65

分
fēn

❶ [양사] 분(시간) 혹은 편(화폐 단위).

- 现在十点五分。 지금은 10시 5분이다.
- 你有五角五分钱吗? 我找你六十。
  5쟈오 5펀 있나요? 제가 60위안 거슬러 드릴게요.

❷ [동사] 나누다.

- 你把蛋糕分给大家。 네가 모두에게 케이크 좀 나눠 줘.
- 同学们分成了三组。 학생들은 세 조로 나뉘었다.

❸ 분수 혹은 %.

- 百分之三十 100분의 30 (=30%)
- 妈妈经常对我说：“吃饭七分饱。” “七分”就是70%的意思。
  엄마는 항상 나에게 "밥은 7할만 배부르게 먹어라."라고 하시는데, '7할'은 바로 70%라는 뜻이다.

❹ 부분(part).

- 第一部分 제1부분(=part 1)
- 学习只是生活的一部分。 공부는 그저 삶의 일부분이다.

 공통점

❶ 모두 '시간'의 의미를 나타낸다.

🔍 **단어**

找 zhǎo 동 (잔돈을) 거슬러주다 | 饱 bǎo 형 배부르다 | 爱情 àiqíng 명 (남녀 간의) 사랑 | 国籍 guójí 명 국적 | 部分 bùfen 명 부분

分钟
fēnzhōng

❶ [명사] 분. ▶ 시간의 길이(~분 동안)

· 这个游戏还有十分钟就结束了。
이 게임은 10분만 있으면 끝난다.

· 他去超市买点儿东西，可能十分钟就回来了。
그는 슈퍼에 물건을 좀 사러 갔어. 아마 10분 정도면 돌아올 거야.

Plus!

点 VS 小时
- 两点 두 시
- 两个小时 두 시간

游戏 yóuxì 명 오락, 게임 | 结束 jiéshù 동 끝나다 | 可能 kěnéng 부 아마도

1
지금은 10시 25분이야. 5분 있으면 시작해.
现在是十点二十五分，再有五分钟就开始。

2
1분 동안 우리가 얼마나 많은 일을 할 수 있을지 생각해 본 적이 있어?
有没有想过，一分钟我们能做多少事？

3
여기서부터 지하철역까지는 별로 멀지 않아. 걸어서 몇 분이면 돼.
从这儿到地铁站不太远，走路只需要几分钟。

4
A: 프로젝트는 어떻게 진행되고 있나요? 잘 되고 있나요?
B: 원래 계획의 50%만 겨우 완성했습니다.

A: 项目进行得怎么样？顺利吗？
B: 我们才完成原计划的百分之五十。

 단어

开始 kāishǐ 동 시작하다 | 项目 xiàngmù 명 프로젝트 | 进行 jìnxíng 동 진행하다 | 顺利 shùnlì 형
순조롭다 | 完成 wánchéng 동 완성하다 | 原 yuán 형 원래의

알다

知道 vs 认识

① 桌子上的这本字典是谁的？你 知道 / 认识 吗？

책상 위의 이 사전은 누구 거야? 너 알고 있어?

② 你是怎么 知道 / 认识 我同事的？

어떻게 제 동료를 아세요?

③ 你 知道 / 认识 吗？世界上一共有一万多种鸟。

너 알고 있어? 세계에는 모두 1만여 종의 새가 있대.

④ 因为我只学了一年汉语，有很多字我还不 知道 / 认识 。

나는 중국어를 배운 지 1년밖에 되지 않아서, 많은 글자를 아직 모른다.

知道
zhīdào

❶ [동사] 어떤 사실·사건·장소·물건·사람을 '알다'라는 의미로, 보편적 상황을 알고 있음을 나타낸다. ▶ 아는 정도가 비교적 가벼움

· 这个山我来过很多次了，但不知道它叫什么山。
  나는 이 산에 여러 번 왔었지만, 무슨 산인지는 모른다.

· 我知道这个人，但是从来没见过他。
  나는 이 사람을 알지만, 여태껏 만나 본 적은 없다.

· 有理想的人知道自己前进的方向。
  이상을 가진 사람은 자신이 나아가야 할 방향을 알고 있다.

---

❷ [동사] 대상이 사람이며 단순히 이름 정도만 알 때 사용한다.

· 我知道他是我们学校的学生，但是我们从没说过话。
  그가 우리 학교 학생이라는 것은 알지만, 서로 이야기해 본 적은 없다.

 공통점

❶ 모두 '어떤 대상을 이해하다'라는 의미를 나타낸다.

 단어

从来 cónglái 부 지금까지, 여태껏 ┃ 理想 lǐxiǎng 명 이상, 꿈 ┃ 自己 zìjǐ 대 자신 ┃ 前进 qiánjìn 동
전진하다 ┃ 方向 fāngxiàng 명 방향

认识
rènshi

❶ [동사] 글·사람·길 등을 '알다'라는 의미로, 사물 간의 다른 점 혹은 어떤 사람인지 분별해 낼 수 있음을 나타낸다.

▶ 아는 정도가 '知道'보다 강함

· 这个字我也不认识，查一下词典吧。
이 글자는 나도 모르겠어. 사전을 한번 찾아 봐.

· 南京的变化非常大，经过那条街道时，我几乎不认识了。
난징의 변화는 매우 커서, 그 거리를 지나갈 때 나는 거의 알아보지 못했다.

❷ [동사] 객관적인 사물의 발전 규율이나 어떤 문제에 대해 이해하고 인식하다.

· 认识世界，改造世界。
세상을 인식하고, 세상을 바꾸다.

· 他现在才认识到自己的错误是多么严重。
그는 지금에서야 자신의 잘못이 얼마나 심각한지 인지했다.

❸ [동사] 대상이 사람이며 서로 안면이 있을 때 사용한다.

· 你认识那个拿着包的男孩儿吗?
너는 가방을 들고 있는 저 남자아이를 알아?

❹ [명사] 인식.

理性认识 이성적 인식, 感性认识 감성적 인식, 认识能力 인식 능력

查 chá 图 찾아보다, 검사하다 ┃ 经过 jīngguò 图 지나다, 거치다 ┃ 街道 jiēdào 명 거리 ┃ 改造 gǎizào 图 개조하다 ┃ 错误 cuòwù 명 잘못 ┃ 严重 yánzhòng 형 심각하다 ┃ 理性 lǐxìng 명 이성 ┃ 感性 gǎnxìng 명 감성 ┃ 能力 nénglì 명 능력

1

나는 단지 너희 둘이 어떻게 아는지 알고 싶을 뿐이야.

我只是想知道你们俩怎么认识的。

2

나는 이 글자를 몰라, 어떻게 읽는지도 모르고.

我不认识这个字，而且也不知道怎么读。

3

나는 그의 이름만 알고 여태까지 얘기해 본 적도 없어서 아직 잘 모른다.

我只知道他的名字，但我们从没说过话，所以还不认识。

4

A: 선생님 존함은 예전부터 많이 들어서 유명하신 것을 알고 있습니다. 오늘 선생님을 뵙게 되어 정말 기쁩니다.

B: 저도 드디어 뵙게 돼서 기쁩니다.

A: 我早就听说了您的大名，知道您有名气，今天有机会认识您，我非常高兴。

B: 我也很高兴终于见到你了。

모두

都 VS 一共

1 这个帽子有蓝色和黑色两种颜色，**都 / 一共** 很好看。
이 모자는 파란색과 검은색 두 가지 색이 있어요. 둘 다 예뻐요.

2 您好，我们 **都 / 一共** 七个人，还有大桌子吗？
안녕하세요. 저희 모두 7명인데 큰 테이블이 있을까요?

3 姐姐的爱好比较多，像听音乐、看书什么的她 **都 / 一共** 喜欢。
언니의 취미는 비교적 많은데, 음악 듣기, 책 읽기와 같은 것을 모두 좋아한다.

4 我 **都 / 一共** 有三本词典，你想借哪一本？
나에게 모두 3권의 사전이 있는데, 어떤 사전을 빌리고 싶은 거야？

都
dōu

❶ [부사] 전부, 예외 없이.

- 大家都等你过去照相呢。
  다들 네가 사진 찍으러 오길 기다리고 있어.

- 听说那儿一年四季都是春天，很暖和。
  듣기로는 그곳은 일년 사계절이 모두 봄이라서 따뜻하다고 해.

❷ [부사] 이미, 벌써. ▶ 수사 수식 가능

- 来中国都两个多月了，我还是不会用筷子吃饭。
  중국에 온 지 벌써 두 달이 넘었는데, 나는 아직까지도 젓가락으로 밥 먹을 줄
  모른다.

- 儿子，都九点一刻了，快去洗澡、刷牙、准备睡觉了。
  아들, 벌써 9시 15분이야. 빨리 가서 샤워하고, 양치질하고, 잠잘 준비해.

❸ 강조의 어기를 나타내며, '一…都…(하나도 ～하다)', '连…都…(심지
어 ～도 ～하다)', '每…都…(～마다 ～하다)'의 형식으로도 사용된다.

- 今天一点儿都不冷。
  오늘은 하나도 안 춥다.

- 我最近工作很忙，连周末都加班。
  나는 요즘 일이 바빠서 주말에도 근무한다.

- 我最近每天晚上睡觉前都会喝杯红酒。
  나는 요즘 매일 밤 잠들기 전에 와인 한 잔을 마신다.

 단어

照相 zhàoxiàng 동 사진을 찍다 | 暖和 nuǎnhuo 형 따뜻하다 | 洗澡 xǐzǎo 동 샤워하다 | 刷牙
shuāyá 동 이를 닦다 | 加班 jiābān 동 야근하다 | 红酒 hóngjiǔ 명 와인

一共
yígòng

❶ [부사] (숫자의) 합계, 모두.

· 两张一共一百八十元。
두 장에 모두 180위안입니다.

· 医院这次只要三个人，但一共有二十人参加应聘。
병원의 이번 채용 인원은 3명이었지만, 모두 20명이 지원했다.

1 이번에 모두 몇 명이 농구 시합에 참가해? 모두 2학년 학생이야?

这次一共有多少个人参加篮球比赛？都是2年级的学生吗？

2 내가 너에게 사라고 한 과일은 다 샀어? 전부 다해서 얼마야?

我让你买的水果都买了吗？一共花了多少钱？

3 나는 이번 학기에 총 12과목을 선택해서 매일 바쁘다.

我这个学期一共选了12门课，所以每天都很忙。

4 A: 너는 매일 자전거를 타고 출퇴근해?

B: 응, 3개월 탔는데, 총 5kg 감량했어.

A: 你每天都骑自行车上下班？

B: 是，我骑了三个月，一共瘦了五公斤。

参加 cānjiā **동** 참가하다 | 年级 niánjí **명** 학년 | 学期 xuéqī **명** 학기 | 门 mén **양** 개, 과목(과목을 세는 단위) | 骑 qí **동** 타다 | 自行车 zìxíngchē **명** 자전거

이해하다

了解 vs 理解

① 你对历史 **了解 / 理解** 不少吧? 给我介绍几本历史书。
너는 역사에 대해 많이 알지? 나에게 역사책 몇 권 소개해 줘.

② 我去年秋天爬过这座山, 这儿我还是比较 **了解 / 理解** 的。
작년 가을에 이 산을 오른 적이 있어서, 이곳은 내가 비교적 잘 안다.

③ 婚后能否过得幸福, 要看两个人能否互相 **了解 / 理解** 和支持。
결혼 후 행복하게 지낼 수 있을지 없을지는, 두 사람이 서로를 이해하고 지지할 수 있는지를 봐야 한다.

④ 他有时候不能 **了解 / 理解** 他妻子的想法。
그는 가끔 아내의 생각을 이해할 수 없다.

了解
liǎojiě

❶ [동사] '(어떤 상태·상황을) 명확하게 알다'라는 의미이며, 목적어는 대부분 사람·회사·학교·사물이다.

· 你怎么对这个作家这么了解?
  너는 어떻게 이 작가에 대해 이렇게 잘 알아?

· 我了解小红这个人，她说话很幽默，平时又爱帮助别人。
  나는 샤오훙 이 사람을 잘 알아. 그녀는 유머러스하고 평소에 남을 돕는 것도 좋아해.

❷ [동사] 파악하다, 알아보다, 조사하다.

· 为了了解学生的学习情况，老师每两周会开一次读书会。
  학생들의 학습 상황을 파악하기 위해, 선생님은 2주마다 한 번씩 독서회를 연다.

· 我开车时习惯听交通广播，是为了能及时了解道路情况。
  나는 운전할 때 교통방송을 듣는 습관이 있는데, 이는 도로 상황을 즉시 파악하기 위함이다.

 단어

作家 zuòjiā **명** 작가 | **幽默** yōumò **형** 유머러스하다 | **情况** qíngkuàng **명** 상황 | **开车** kāichē **동** 운전하다 | **习惯** xíguàn **동** 습관이 되다 | **广播** guǎngbō **명** 방송 | **及时** jíshí **부** 즉시 | **道路** dàolù **명** 도로, 길

理解
lǐjiě

❶ [동사] 상대방의 각도에서 문제를 보고 사건의 원인을 알다.

· 互相尊重才会考虑对方的想法，理解对方所做的事。
서로 존중해야지만 상대방의 생각을 고려할 수 있고, 상대방이 한 일을 이해할
수 있다.

· 要想让别人理解你，你首先要学会尊重别人的看法。
다른 사람이 당신을 이해하길 원한다면, 당신은 먼저 다른 사람의 견해를 존중
하는 법을 배워야 한다.

❷ [동사] '사고를 통해 도리를 깨닫고 이해하다'라는 의미이며, 목적어
가 사람일 경우, '왜 그런 행동을 했는지 혹은 어떤 기분인지 이해하
다'라는 의미를 나타낸다.

· 仔细认真的读书过程使我们能更好地适应社会、理解生命。
꼼꼼하고 진지하게 독서하는 과정은 우리로 하여금 사회에 더 잘 적응하게 해
주고 생명을 이해하게 해준다.

· 同学们都很理解你现在的心情。
친구들 모두 너의 현재 기분을 이해해.

互相 hùxiāng 부 서로 ㅣ 想法 xiǎngfǎ 명 생각 ㅣ 首先 shǒuxiān 부 우선 ㅣ 看法 kànfǎ 명 견해 ㅣ
仔细 zǐxì 형 자세하다 ㅣ 过程 guòchéng 명 과정 ㅣ 使 shǐ 동 ~하게 만들다 ㅣ 适应 shìyìng 동 적응
하다 ㅣ 社会 shèhuì 명 사회 ㅣ 心情 xīnqíng 명 심정, 기분

1

한 사람을 알려면, 그 사람만 아는 것으로는 한참 부족하고 그의 친구들을 봐야 한다.

要了解一个人，只是了解他是远远不够的，还要看他的朋友们。

2

행복에 대한 이해는 사람마다 다르다.

每个人对幸福都有不同的理解。

3

이러한 교제 방식은 모두로 하여금 더 많은 사람을 알고 이해할 수 있도록 해준다.

这种交友方式可以使大家认识和了解更多的人。

4

A: 안녕하세요. 제가 인터넷에서 산 물건을 일주일이 지나도록 받지 못했습니다.

B: 정말 죄송합니다. 춘절에 저희 쇼핑몰 업무량이 많이 늘어나서요. 이해 부탁드립니다.

A: 你好，我在网上买的东西，过了一个星期还没收到。

B: 真抱歉，春节时我们网店的工作量增加很多，希望您能理解。

단어

远远 yuǎnyuǎn 부 크게, 몹시 | 不够 búgòu 형 부족하다 | 交友 jiāoyǒu 동 친구를 사귀다 | 方式 fāngshì 명 방식 | 抱歉 bàoqiàn 형 죄송하다 | 工作量 gōngzuòliàng 명 업무량 | 增加 zēngjiā 동 증가하다

19

받다

收 vs 受

① 市场上大 收 / 受 欢迎的 "绿色食品"，就是指那些没有
收 / 受 到污染的、安全的食品。
시장에서 매우 인기 있는 '녹색 식품'은 바로 오염되지 않은 안전한 식품을 가리킨다.

② 我的传真机最近有点儿问题，总 收 / 受 不到。
나의 팩스기는 최근에 문제가 좀 있어서, 도통 받을 수가 없다.

③ 你 收 / 受 到了我给你发的邮件吗？
내가 너한테 보낸 메일 받았어?

④ 18日到19日两天，收 / 受 冷暖空气的共同影响，本市市区将
出现下雨天气。
18일부터 19일까지 이틀간, 한랭기류와 온난기류의 공통 영향으로 본 시의 시가지에는
비가 올 것입니다.

收
shōu

❶ [동사] (구체적인 사물을) 수령하다, 받다.

· 李老师，我已经把材料传真给您了，请您查收一下。

리 선생님, 제가 자료를 이미 팩스로 보내 드렸으니 확인 부탁드려요.

· 我刚收到通知，我终于考上博士了。

나 방금 통지를 받았는데, 드디어 박사 시험에 합격했어.

接收 ＋ 礼品 선물, 会员 회원, 钱物 금품

收到 ＋ 礼物 선물, 物品 물품, 快递 택배

❷ [동사] 한데 모으다.

· 房间太乱了，赶紧把东西收进抽屉里吧。

방이 너무 더러워. 얼른 물건을 서랍 안에 넣어.

· 很多汉字不是一开始就被收入词典的。

많은 한자들이 처음부터 사전에 수록된 것은 아니다.

 收受 **공통점**

❶ 모두 '받다'라는 의미로, 동사 '接'와 함께 '接收(받다)', '接受(받다)'로 사용할 수 있고, 뒤에 보어 '到'를 써서 '收到(받다)', '受到(받다)'로 사용할 수 있다.

🔍 **단어**

通知 tōngzhī **명** 통지, 알림 | **考上** kǎoshàng **동** 시험에 합격하다 | **博士** bóshì **명** 박사 | **乱** luàn **형** 혼잡하고 어수선하다 | **抽屉** chōuti **명** 서랍 | **收入** shōurù **동** 수록하다

受
shòu

❶ [동사] (추상적인 사물을) 받다.

· 流行音乐在年轻人中比较受欢迎。
대중음악은 젊은 사람들 사이에서 비교적 인기가 있다.

· 随着人数的增加，长江大桥周围的交通受到了很大的影响。
사람 수가 증가함에 따라, 장강대교 주변의 교통이 큰 영향을 받았다.

接受 ＋　　批评 비평, 任务 임무, 挑战 도전, 现实 현실, 观点 관점

受到 ＋　　欢迎 환영, 影响 영향, 表扬 칭찬, 邀请 초대

❷ [동사] 참다, 견디다. ▶ 주로 부정형으로 많이 쓰임

· 今年夏天真是热得让人受不了。
올해 여름은 정말 참을 수 없을 정도로 덥다.

· 你平时缺少锻炼，所以偶尔运动一次，身体就受不了了。
네가 평소에 운동 부족이라, 어쩌다 운동 한번 하면 몸이 못 견디는 거야.

流行 liúxíng 동 유행하다 | 随着 suízhe 전 ~에 따라 | 影响 yǐngxiǎng 명 영향 | 批评 pīpíng 명
비평 | 任务 rènwu 명 임무 | 挑战 tiǎozhàn 명 도전 | 现实 xiànshí 명 현실 | 观点 guāndiǎn
명 관점 | 表扬 biǎoyáng 명 칭찬 | 邀请 yāoqǐng 명 초대 | 受不了 shòubuliǎo 동 견딜 수 없다 |
锻炼 duànliàn 동 단련하다 | 偶尔 ǒu'ěr 부 가끔

1 그가 연기한 영화는 모두 대단히 인기를 끌었다.

他演的每部电影都非常受欢迎。

2 나는 외국에서 온 편지 한 통을 받았다.

我收到了一封来自外国的信。

3 아이의 성격은 여러 방면에서 영향을 받는다.

孩子的性格都会受到多方面的影响。

4 A: 너 이번 학기 장학금 받았다면서?

B: 응? 진짜야? 나 아직 학교에서 통보 못 받았는데.

A: 听说你获得了这个学期的奖学金？

B: 啊？ 真的吗？ 我还没收到学校的通知。

 단어

演 yǎn **동** 연기하다 | **部** bù **양** 편(영화를 세는 단위) | **封** fēng **양** 통(편지를 세는 단위) | **性格** xìnggé **명** 성격 | **获得** huòdé **동** 얻다, 획득하다

~할 수 있다, ~일 것이다

会 vs 能

20

실력 체크 ✔

① 我希望明年 会 / 能 找个好工作。

나는 내년에 좋은 직장을 찾을 수 있기를 바란다.

② 我 会 / 能 跳舞，但跳得不怎么样。

나는 춤은 출 줄 아는데, 잘 못 춰.

③ 还有半个小时电影就开始了，我们不 会 / 能 迟到吧?

30분 있으면 영화가 시작되는데, 우리 늦지 않겠지?

④ 先生，这儿不 会 / 能 停车。

선생님, 이곳에는 주차하실 수 없습니다.

비교 포인트

会
huì

❶ [조동사] 학습을 통해 어떤 기능을 습득하여 ~을 할 수 있다. ▸능력

- 我会弹钢琴。
  나는 피아노를 칠 줄 안다.

- 她以前不会说普通话，现在会说了。
  그녀는 예전에 표준어를 할 줄 몰랐는데, 지금은 할 수 있게 되었다.

---

❷ [조동사] ~일 것이다. ▸실현 가능성이 낮은 추측, 주로 부정문에 사용함

- 你还年轻，以后会有很多机会的。
  너 아직 젊어. 앞으로 많은 기회가 있을 거야.

- 我了解你妈，我相信她是不会同意你这么做的。
  내가 너희 어머니를 잘 알잖아. 어머니께서 네가 이렇게 하는 것에 동의하지 않을 거라 믿어.

 단어

弹钢琴 tán gāngqín 피아노를 치다 | **普通话** pǔtōnghuà 명 현대 표준 중국어 | **相信** xiāngxìn 동 믿다, 신뢰하다 | **同意** tóngyì 동 동의하다

能
nér

❶ [조동사] 선천적인 능력, 습득한 구체적인 능력, 회복한 능력이 있어 ~을 할 수 있다. ▶능력

- 鸟为什么能飞?
  새는 왜 날 수 있을까?

- 他能说四种语言，真不简单。
  그는 4개 국어를 할 수 있어. 정말 대단해.

- 他的脚治好以后又能踢足球了。
  그는 발을 다 치료한 후에 다시 축구를 할 수 있게 되었다.

---

❷ [조동사] 사회적인 통념, 상식의 기준에서 ~을 할 수 있다. ▶허가, 허락

- 对不起，先生，宾馆内不能抽烟。
  죄송합니다만 선생님, 호텔 내에서는 흡연할 수 없습니다.

- 房间有点儿热，能不能打开窗户?
  방이 조금 더운데, 창문을 열어도 될까요?

---

❸ [조동사] ~일 것이다. ▶실현 가능성이 낮은 추측, 주로 의문문에 사용함

- 别难过了，我相信你下次一定能考第一。
  속상해 하지 마. 나는 네가 다음 번에는 반드시 시험에서 1등할 거라고 믿어.

- 明天能下雪吗?
  내일 눈이 올까?

语言 yǔyán 명 언어 | 脚 jiǎo 명 발 | 治好 zhìhǎo 동 치유되다, 다 낫다 | 踢足球 tī zúqiú 축구를 하다 | 难过 nánguò 형 슬프다

1 나는 마침내 운전면허증을 취득했고, 지금은 운전할 줄 안다.

我终于拿到了驾照，现在会开车了。

2 너 안경 안 가져왔는데, 칠판 위의 글씨가 잘 보여?

你没带眼镜，黑板上的字你能看清吗？

3 의사 선생님, 제 발은 언제 다 나을 수 있나요? 앞으로 제가 축구를 하는데 영향을 주지는 않겠죠?

医生，我的脚什么时候能好，不会影响我以后踢球吧？

4 A: 나 공항에 도착했어. 비행기가 1시간 후에 이륙하니 지각하지 마.

B: 그럴 리 없어. 나 지금 택시 안이야. 5분 후면 도착해.

A: 我到机场了，飞机还有一个小时起飞，你别迟到了。

B: 不会的，我在出租车上，还有五分钟就能到。

 단어

驾照 jiàzhào 명 운전면허증 | **黑板** hēibǎn 명 칠판 | **迟到** chídào 동 지각하다 | **出租车** chūzūchē 명 택시

말하다

讲 vs 说 vs 谈

① 哥, 刚才 **讲 / 说 / 谈** 的那个数学题怎么做啊?
형, 방금 말한 그 수학 문제 어떻게 푸는 거야?

② 我给你 **讲 / 说 / 谈** 一个故事, 很有意思。
내가 너에게 이야기를 하나 해 줄게. 엄청 재미있어.

③ 经理, 外面有位客人找您, 说是来和您 **讲 / 说 / 谈** 广告的。
사장님, 밖에 어떤 분이 찾아오셨는데, 사장님과 광고 이야기를 하러 왔다고 합니다.

④ 这个电视节目主要是 **讲 / 说 / 谈** 中国文化的。
이 TV 프로그램은 주로 중국문화에 대해 이야기했다.

讲 jiǎng

❶ [동사] 언어로 어떤 사상·생각을 이야기하고 말하다(speak, talk).

- 这件事电话里讲/说不明白，我们还是见面说吧。
  이 일은 전화상으로는 잘 설명할 수 없어. 우리 그냥 만나서 이야기하자.

- 昨天的考试很容易，就是让孩子们用刚学会的词语讲一个小故事。
  어제의 시험은 쉬웠는데, 바로 아이들이 방금 배운 단어를 사용해서 작은 이야기를 하나 말하는 것이었다.

讲/说话 말하다, 讲/说故事 이야기를 말하다, 讲/说笑话 웃긴 이야기를 하다

❷ [동사] 설명하다, 해석하다.

- 这本书是讲历史的。 이 책은 역사에 대해 이야기했다.
- 这个字有几个讲法。 이 글자는 몇 가지 해석이 있다.

讲语法 문법을 설명하다, 讲生词 단어를 설명하다, 讲课 수업하다

讲 说 谈 공통점

❶ [동사] 말하다.

- 我有要紧的事情，要和你当面讲/说/谈。
  나 중요한 일이 있으니, 너와 직접 만나서 이야기 할래.

 단어

词语 cíyǔ 명 어휘, 글자 | 历史 lìshǐ 명 역사 | 语法 yǔfǎ 명 문법 | 生词 shēngcí 명 단어

说 chuō

❶ [동사] 어떤 일에 대해 말하다(speak, talk).

· 你的汉语说得越来越好了。
너의 중국어는 갈수록 좋아지는구나.

· 刚才我妻子给我打电话，说孩子生病了。
방금 아내가 나에게 전화해서 아이가 아프다고 말했다.

❷ [동사] 해명하다, 설명하다.

· 请你自己说说你为什么每天都迟到。
왜 매일 지각하는지 직접 이야기해 보세요.

· 这个问题，我一说你就明白。
이 문제는 내가 설명하면 너는 바로 이해할 거야.

❸ [동사] 꾸짖다, 혼내다.

· 老师把我狠狠地说了一顿。 선생님이 나를 호되게 꾸짖으셨다.

· 你这样做，经理和同事都会说你的。
너 이렇게 하면 팀장님과 동료들이 모두 뭐라고 할 거야.

谈 tán

❶ [동사] 혼자 혹은 두 사람 이상이 함께 이야기하고 토론하다
(talk about, discuss).

· 为了解决这个问题，我跟他们谈了一个下午。
이 문제를 해결하기 위해, 나는 그들과 오후 내내 이야기했다.

· 请你谈谈对这件事的看法。
이 일에 대한 당신의 견해를 이야기해 보세요.

生病 shēngbìng 동 병이 나다 | 狠狠地 hěnhěn de 호되게, 매섭게 | 经理 jīnglǐ 명 사장, 팀장

1 우리는 오늘 이 문제에 대해 이야기해 보려고 해요.
我们今天要好好谈一谈这个问题。

2 시무룩해 보이는데, 내가 재미있는 이야기 하나 해 줄게.
你好像很不开心，我给你讲/说个笑话吧。

3 에어컨이 나오는 방에 오래 있으면 쉽게 머리가 아프고 열이 나는데, 이것이 바로 사람들이 흔히 말하는 '냉방병'이다.
长时间在空调房里，就容易头疼、发烧，这就是人们常说的"空调病"。

4 A: 너 전에 이 이야기 들어본 적 있어?
B: 아니, 너한테 처음 듣는 거야. 재미있네.

A: 你以前听过这个故事吗？
B: 没有，这是第一次听你讲/说，很有意思。

开心 kāixīn 형 즐겁다 | **笑话** xiàohua 명 우스운 이야기 | **头疼** tóuténg 동 머리가 아프다 | **发烧** fāshāo 동 열이 나다

하다

做 vs 作

① 你还是认真地想想再 做 / 作 决定吧。

너는 진지하게 생각하고 다시 결정하는 것이 좋을 것 같아.

② 大家的 做 / 作 业都给你了吗?

모두 너에게 숙제를 줬니?

③ 人们常说: 今天工 做 / 作 不努力，明天努力找工 做 / 作。

사람들은 종종 오늘 열심히 일하지 않으면, 내일은 열심히 일자리를 찾을 것이라고 이
야기한다.

④ 欢迎你们来我家 做 / 作 客。

우리 집에 손님으로 온 걸 환영해.

做
zuò

❶ [동사] 만들다(make).

· 这个菜是羊肉做的，你尝尝。

이 음식은 양고기로 만든 거야. 한번 먹어 봐.

· 做西红柿鸡蛋汤其实很简单，你可以试试。

토마토계란탕을 만드는 것은 사실 간단해. 너도 해 봐.

❷ [동사] 하다, 일하다, 종사하다(do).

· 你是做什么工作的? 당신은 어떤 일을 하시나요?

· 上午的练习题你做完了吗? 오전의 연습문제는 다 했어?

· 我做了很多努力，终于有了这个机会。

나는 많은 노력을 했고, 마침내 이 기회가 생겼다.

做事 일하다, 做买卖 매매하다, 做调查 조사하다, 做广告 광고하다

❸ [동사] ～이 되다(become/from or contract relataionship).

▶ + 직업, 신분

· 我的理想是做一名医生。 나의 장래희망은 의사가 되는 것이다.

· 她很适合做这次活动的负责人。

이번 행사의 책임자로 그녀가 적합해요.

· 和他做朋友能使你收获很多。

그와 친구가 되면 당신은 많은 것을 얻을 수 있을 거예요.

做老师 선생님이 되다, 做大夫 의사가 되다, 做朋友 친구가 되다

做 作 공통점

❶ [동사] 하다, 종사하다.

· 做生意 장사하다
· 工作 일하다

🔍 단어

尝 cháng **동** 맛보다 | 努力 nǔlì **명** 노력 | 买卖 mǎimài **명** 매매, 거래, 장사 | 调查 diàochá **명** 조사 | 广告 guǎnggào **명** 광고 | 适合 shìhé **동** 적합하다 | 收获 shōuhuò **명** 수확, 성과

作
zuò

❶ [동사] 글이나 음악을 짓다, 창작하다.

· 这首歌的作曲家是著名的音乐人。
이 곡의 작곡가는 저명한 음악가이다.

· 书名是什么? 作者是谁? 可以借给我看看吗?
책 이름이 뭐야? 작가는 누구야? 내가 좀 빌려 볼 수 있어?

作业 숙제, 作家 작가, 作者 작가, 作文 작문, 作品 작품

❷ [동사] 종사하다.

· 我还以为这份工作很轻松呢!
난 이 일이 엄청 쉬운 줄 알았어!

· 我们在中国有公司，您愿意去那儿工作吗?
중국에도 회사가 있는데, 중국에 가서 일하기를 원합니까?

❸ [동사] 삼다, 여기다.

· 古代，人们把茶叶作为一种药物使用。
고대에 사람들은 찻잎을 하나의 약으로 여겨 사용했다.

· 我把走路上下班作为锻炼身体的方法。
나는 걸어서 출퇴근하는 것을 운동 방법으로 여긴다.

首 shǒu 양 곡(노래를 세는 단위) | 作曲 zuòqǔ 명 작곡 | 著名 zhùmíng 형 저명하다, 유명하다 | 轻松 qīngsōng 형 가뿐하다 | 愿意 yuànyì 조동 ~하기를 원하다 | 茶叶 cháyè 명 찻잎 | 作为 zuòwéi 동 ~으로 삼다, ~으로 여기다 | 药物 yàowù 명 약물 | 使用 shǐyòng 동 사용하다

1 이번 시험의 작문 문제는 너무 어려워서 다 풀지 못했다.

这次考试的作文题很难，我没能做完。

2 이 흰색 운동화는 내가 올해 취직하고 나서 산 거야.

这双白色运动鞋是我今年找到工作后买的。

3 나는 친구 집에 자주 놀러 간다. 왜냐하면 친구 집에는 작은 동물들이 많기 때문이다.

我经常去朋友家做客，因为他们家有很多小动物。

4 A: 이건 무슨 재료로 만든 거야?

B: 돌이야. 돌의 제작 원가가 비교적 낮거든.

A: 这是用什么材料做的？

B: 是石头，因为石头制作成本比较低。

做客 zuòkè **동** 손님이 되다 ｜ **动物** dòngwù **명** 동물 ｜ **石头** shítou **명** 돌 ｜ **制作** zhìzuò **동** 제작하다

설명하다

说明 vs 解释

실력 체크

1 出现误会时需要及时 说明 / 解释 。
오해가 생겼을 때는 바로 해명해야 한다.

2 这本书缺少详细的 说明 / 解释 。
이 책은 상세한 설명이 부족하다.

3 这个词我查过词典，就是这么 说明 / 解释 的。
이 단어는 내가 사전을 찾아봤는데, 이렇게 해석되어 있었어.

4 跨国婚姻 说明 / 解释 爱情是不分国籍的。
국제결혼은 사랑은 국적을 가리지 않는다는 것을 말해 준다.

说明
shuōmíng

❶ [동사] 일·상황 등을 모두에게 알려주다.

· 关于这个问题，我在后面还要详细说明。
이 문제는 내가 뒤에서 다시 상세하게 설명할게.

· 请你说明一下这件事的经过。
당신이 이 일의 과정에 대해 설명해 주세요.

说明 解释 공통점

❶ [동사] 어떤 일에 대해 설명하다.

· 小刚向老师说明/解释了迟到的原因。
샤오깡은 선생님에게 지각한 원인에 대해 설명했다.

详细 xiángxì 형 상세하다 | 经过 jīngguò 명 일의 경과

解释
jiǎchì

❶ [동사] 분석하고 구체적으로 설명하여 상대방을 이해시키다.

- 大夫向大家解释了很久。
  의사는 모두에게 한참 동안 설명했다.

- 我不大明白，请你解释　下这句话的意思。
  저는 잘 모르겠으니, 당신이 이 말의 뜻을 좀 설명해 주세요.

---

❷ [동사] 어떤 일에 대해 원인·이유가 있어 해명하다, 변명하다.

- 你应该给对方把误会解释清楚的机会。
  너는 상대방에게 오해를 해명할 기회를 줘야 해.

- 虽然大家早已清楚是怎么回事，可他还是不停地解释。
  다들 어떻게 된 일인지 이미 잘 알고 있었지만, 그는 여전히 끊임없이 해명을 했다.

应该 yīnggāi 조동 마땅히 ~해야 한다 ┃ 误会 wùhuì 명 오해 ┃ 不停 bùtíng 부 끊임없이, 줄곧

1 선생님은 이야기 한 개로 하나의 이치를 설명했다.

老师用一个故事说明了一个道理。

2 모두에게 이 상품의 사용법에 대해 설명해 주세요.

请你向大家说明一下这种产品的用法。

3 오해가 생기면 대부분의 반응은 해명하려고 하는 것이다.

出现误会了，大部分的反应都是想要去解释。

4 이 일에 대한 그의 해명을 들은 후 나는 완전히 믿게 되었다.

对于这件事，我听了他的解释后完全相信了。

 단어

道理 dàolǐ 명 도리, 이치 | **产品** chǎnpǐn 명 상품 | **用法** yòngfǎ 명 용법 | **反应** fǎnyìng 명 반응 |
完全 wánquán 부 완전히

여기다, 생각하다
认为 VS 以为

❶ 你 认为 / 以为 租车的优点是什么?
너는 차를 대여하는 장점이 무엇이라고 생각해?

❷ 我 认为 / 以为 你是对的, 其实你错了。
나는 네가 맞다고 생각했는데, 사실은 네가 틀렸더라고.

❸ 我 认为 / 以为 坚持才能成功。
나는 꾸준히 해야만 성공할 수 있다고 생각해.

❹ 很多人总是 认为 / 以为 便宜就好, 忘了"便宜没好货"这
句话。
많은 사람들은 싸면 좋다고 생각하는데, '싼 게 비지떡'이라는 이 속담을 잊어버린 것
같다.

认为
rènwéi

❶ [동사] '～라고 생각하다'라는 의미로, 사람·사물에 대해 확정적인 견해, 장중한 색채를 띄며 자신의 견해를 밝힐 때 사용한다.

- 你认为汉语里面最难学的是什么?
  너는 중국어에서 가장 배우기 어려운 것이 무엇이라고 생각해?

- 我认为"爱"比"喜欢"的意思更深。
  나는 '사랑한다'가 '좋아한다'보다 더 깊은 의미라고 생각해.

一致认为 일치되게 ~라고 생각하다, 普遍认为 보편적으로 ~라고 생각하다, 专家认为 전문가는 ~라고 생각하다, 很多人认为 많은 사람들이 ~라고 생각하다, 舆论认为 여론에서 ~라고 생각하다, 被认为 ~라고 여겨지다

觉得 VS 认为
- 觉得: 개인이 느낀 감정에 치중하여 사용함
- 认为: 자신의 견해나 생각을 말할 때 사용함
- 我觉得这本书很简单。
  나는 이 책이 너무 단순하다고 생각한다.
- 专家认为这本书有助发展两国文化交流。
  전문가는 이 책이 양국의 문화교류 발전에 도움이 된다고 여긴다.

认为 以为 공통점

❶ [동사] '～라고 생각하다'라는 의미로, 앞뒤 문장이 없을 경우 서로 바꾸어 쓸 수 있다.

- 我认为/以为这样很合适。
  나는 이렇게 하는 것이 적합하다고 생각한다/적합한 줄 알았다.

 단어

一致 yízhì 형 일치하다 | 普遍 pǔbiàn 형 보편적이다 | 专家 zhuānjiā 명 전문가 | 舆论 yúlùn 명 여론

以为
yǐwéi

❶ [동사] '～인 줄 알다'라는 의미로, 뒤에 오는 견해가 사실에 부합하지 않음을 나타낸다. 앞뒤로 대부분 사실을 설명하는 문장이 오며, 어기는 비교적 가볍다.

• 他以为自己很了不起，其实他的能力很一般。
　　　그는 자신이 매우 대단하다고 생각하지만, 사실 그의 능력은 보통이다.

• 当时我绝望极了，以为他们肯定回不来了。
　　　나는 당시에 그들이 절대로 돌아오지 못할 거라 생각하여 무척 절망했다.

> 误以为 ～으로 잘못 알다, 自以为是 스스로 옳다고 여기다,
> 不以为然 그렇다고는 생각하지 않다, 信以为真 정말이라고 믿다

了不起 liǎobuqǐ **형** 대단하다, 굉장하다 ┃ 绝望 juéwàng **동** 절망하다 ┃ 极了 jí le (형용사·동사 뒤에 보어로 쓰여) 매우 ~하다 ┃ 肯定 kěndìng **부** 분명히

1
어떤 사람들은 항상 새로운 직업이 반드시 현재 직업보다 더 좋다고 생각하는데, 사실상 그렇지 않다.

有些人总以为新工作一定比现在的好，实际上并不这样。

2
나는 즐거움은 사실 간단하다고 생각한다. 웃는 얼굴 혹은 작은 선물, 모두 나를 즐겁게 해준다.

我认为快乐其实很简单，一个笑脸、或者一件小小的礼物，都能让我觉得快乐。

3
너 형이 요즘 영어 공부하고 있는 거 어떻게 알았어? 나는 네가 형 공부에 관심 없는 줄 알았지.

你怎么知道哥哥最近在学英语？我还以为你不关心他的学习呢。

4
저는 이 일은 규정에 따라 처리해야 한다고 생각합니다.

我认为这件事应该按照规定做。

实际上 shíjìshang 부 사실상 ｜ **并** bìng 부 결코 ｜ **关心** guānxīn 동 관심을 기울이다 ｜ **按照** ànzhào 전 ~에 의하여, ~에 따라 ｜ **规定** guīdìng 명 규정

유명하다, 저명하다

有名 vs 著名

실력 체크

❶ 叔叔是 有名 / 著名 的小提琴演奏家。

삼촌은 저명한 바이올린 연주가이다.

❷ 这家饭馆儿很 有名 / 著名，来吃饭的人非常多。

이 식당은 유명해서 식사하러 오는 사람이 매우 많다.

❸ 这个城市已经有一千多年的历史了，非常 有名 / 著名。

이 도시는 이미 1,000년이 넘는 역사를 가지고 있고 무척 유명하다.

❹ 欢迎 有名 / 著名 教授王明来我校做讲座。

우리 학교에 강연하러 오신 저명한 왕밍 교수님을 환영합니다.

有名
yǒumíng

❶ [형용사] 명성이 있다, 많은 사람에게 알려지다.
  ▶ 명사를 수식할 때 반드시 '的'를 넣어야 함

- 他是一位有名的律师。
  그는 유명한 변호사이다.

- 她5岁开始弹钢琴，25岁就已经成为有名的钢琴艺术家了。
  그녀는 5살 때 피아노를 치기 시작했고, 25살에 이미 유명한 피아니스트가 되었다.

❷ 결합되는 단어의 범위가 넓다.

- 这个城市是有名的旅游胜地。
  이 도시는 유명한 관광지이다.

- 可口可乐是一个非常有名的公司。
  코카콜라는 매우 유명한 회사이다.

> **有名的 +**　地方 장소, 饭馆 식당, 文学家 문학가, 实验 실험

❸ 정도부사와 결합하여 술어로 사용한다.

- 这家企业在建筑行业很有名。
  이 기업은 건축업계에서 매우 유명하다.

- 这家饭馆的烤鸭非常有名。
  이 식당의 오리구이는 매우 유명하다.

 단어

律师 lǜshī 명 변호사 ｜ 成为 chéngwéi 동 ~으로 되다 ｜ 旅游胜地 lǚyóu shèngdì 관광지 ｜ 实验 shíyàn 명 실험 ｜ 企业 qǐyè 명 기업 ｜ 建筑 jiànzhù 명 건축 ｜ 行业 hángyè 명 직종, 업종 ｜ 烤鸭 kǎoyā 명 오리구이

著名
zhùmíng

❶ [형용사] '저명하다, 유명하다'라는 의미로, '有名'보다 지명도가 훨씬 크며 칭찬 혹은 찬양에 사용한다. ▶ 명사를 수식할 때 '的'를 생략해도 됨

- 鲁迅是著名(的)文学家。
  루쉰은 저명한 문학가이다,

- 他去年考上了我国一所著名(的)大学。
  그는 작년에 우리나라에서 제일 유명한 대학교에 합격했다.

❷ 결합되는 단어는 주로 인물 · 상표 · 저서이다.

- 《孙子兵法》是中国古代一部著名的兵书。
  〈손자병법〉은 중국 고대의 저명한 병서이다.

- 重庆是中国西南部一个著名的大城市。
  충칭은 중국 서남쪽의 저명한 대도시이다.

著名 ＋ 人士 인사, 科学家 과학자, 品牌 브랜드, 企业 기업

❸ 술어보다는 주로 관형어 성분으로 사용하며, 대부분 '以…(而)著名(〜으로써 저명하다)' 용법으로 사용한다.

- 以风景优美著名。 풍경이 아름다운 것으로 저명하다.
- 以矿产丰富著名。 광산이 풍부한 것으로 저명하다.

鲁迅 Lǔ Xùn **명** 루쉰(중국 현대의 저명한 문학가 · 사상가 · 혁명가) | **孙子兵法** Sūnzǐ bīngfǎ **명** 손자병법 | **重庆** Chóngqìng **명** 충칭(중국 도시) | **品牌** pǐnpái **명** 상표, 브랜드 | **风景** fēngjǐng **명** 경치, 풍경 | **优美** yōuměi **형** 아름답다 | **矿产** kuàngchǎn **명** 광산물 | **丰富** fēngfù **형** 풍부하다

1 할아버지는 저명한 화가로, 화조화와 산수화에 가장 능하시다.
爷爷是著名画家，最擅长花鸟和山水。

2 이것은 유명한 화학실험이다.
这是一个有名的化学实验。

3 그는 세계적으로 키가 작기로 유명한 농구 선수이다.
他是世界上最著名的矮个子篮球运动员。

4 A: 너 저 남자 누구인지 알아?
B: 당연히 알지. 쟤 농구를 잘해서 우리 학교에서 엄청 유명해.

A: 你知道那个男的是谁吗？
B: 当然知道。他篮球打得很好，在我们学校非常有名。

단어

擅长 shàncháng 통 장기가 있다, 뛰어나다 ┃ **化学** huàxué 명 화학

우리 한자어와 중국어 비교

한국은 중국과 같은 한자문화권으로 비교적 한자에 익숙하고 중국어를 배울 때 어느 정도 도움이 됩니다. 그러나 우리가 사용하는 한자어와 중국어의 의미가 다른 경우가 있고, 사자성어 표현도 조금씩 다르기도 합니다. 아래 표현들을 비교하며 확인해 보세요.

1 단어: 같은 한자를 쓰지만 한국어 뜻과 중국어 뜻이 다릅니다.

	한자	한국어 뜻	중국어 뜻
1	工夫	공부	시간
2	作业	작업	숙제
3	学院	학원	(단과)대학
4	汽车	기차	자동차
5	小心	소심	조심하다
6	放心	방심	마음을 놓다
7	新闻	신문	뉴스
8	颜色	안색	색깔
9	出世	출세	출생하다
10	外面	외면	바깥

2 사자성어: 뜻은 같지만 일부 한자가 다릅니다.

	한국	중국	뜻
1	唯一无二 유일무이	独一无二 독일무이	오직 하나뿐이고 둘도 없다
2	四方八方 사방팔방	四面八方 사면팔방	여기저기 모든 방향이나 방면
3	十中八九 십중팔구	十之八九 십지팔구	거의 대부분이거나 거의 틀림없다
4	塞翁之马 새옹지마	塞翁失马 새옹실마	인생의 길흉화복은 변화가 많아서 예측하기 어렵다
5	文房四友 문방사우	文房四宝 문방사보	종이·붓·먹·벼루의 네 가지 문방구

중국어 유의어

HSK편

만족하다

满意 vs 满足

1 我非常 满意 / 满足 这个工作。

나는 이 일에 매우 만족한다.

2 我对那条裙子很 满意 / 满足 。

나는 그 치마가 마음에 든다.

3 在取得成绩之后，不能 满意 / 满足 于现状，而应该继续努力。

성적을 얻고 난 뒤, 현 상태에 만족해서는 안 되고 계속 노력해야 한다.

4 小高不 满意 / 满足 于自己已有的成绩，决心继续努力。

샤오까오는 자신의 기존 성적에 만족하지 않고 계속 열심히 하기로 결심했다.

满意
mǎnyì

❶ [동사] 바람을 이루어 마음에 들고 흡족하다.

▶ 주로 환경·분위기·태도 등에 사용함

· 我这次考得很一般，我很不满意。

나는 이번에 시험을 잘 보지 못해서 불만족스럽다.

· 客人们对这家饭店的服务都非常满意。

손님들은 이 호텔의 서비스에 대해 매우 만족한다.

❷ 자주 사용되는 고정 격식

对**工作环境**(非常, 十分)满意 업무 환경에 매우 만족한다
对**住房**(非常, 十分)满意 사는 집에 매우 만족한다
对**自己的丈夫**(非常, 十分)满意 자신의 남편에 매우 만족한다
对**学生的成绩**(非常, 十分)满意 학생의 성적에 매우 만족한다

客人 kèrén **명** 손님 | **服务** fúwù **명** 서비스

满足
mǎnzú

❶ [동사] 필요한 만큼 충분하기에 만족스럽다.

▶ 주로 바람 · 조건 · 요구 등에 사용함

· 人不能满足于眼前的一点点成就。

　사람은 눈앞의 작은 성과에 만족해서는 안 된다

· 发展生产就是为了满足人民生活的需要。

　생산을 발전시키는 것은 사람들의 생활 수요를 만족시키기 위함이다.

---

❷ 자주 사용되는 고정 격식

満足需要 수요를 만족시키다, 满足要求 요구를 만족시키다,
满足条件 조건을 만족시키다, 满足愿望 바람을 만족시키다

满足于现状 현 상태에 만족하다, 满足于取得的成绩 얻은 성적에 만족하다,
满足于现在的地位 현재 위치에 만족하다

得到满足 만족감을 얻다

眼前 yǎnqián **명** 눈앞, 가까운 곳 ｜ **成就** chéngjiù **명** 성취, 업적 ｜ **发展** fāzhǎn **동** 발전시키다 ｜ **生 产** shēngchǎn **명** 생산 ｜ **需要** xūyào **명** 수요, 요구 ｜ **愿望** yuànwàng **명** 바람

1 중국에 온 뒤, 중국어를 배우고 싶은 그의 바람은 충족되었다.
来到中国后，他学汉语的愿望得到了满足。

2 그는 만족스러운 직업을 구했다.
他找到了一份满意的工作。

3 나는 이곳에 매우 만족한다. 비록 화원은 없지만 강가와 가깝다.
我对这儿很满意，虽然没有花园，但是离河边很近。

4 너는 네가 가진 모든 것들에 대해 만족해야 해.
你应该满足于你所拥有的一切。

得到 dédào 동 얻다 | **河边** hébiān 명 강가, 강변 | **拥有** yōngyǒu 동 소유하다, 가지다 | **一切** yíqiè 명 모든 것

적합하다

适合 vs 合适

 실력 체크

❶ 没有任何经验就想找到一份 适合 / 合适 的工作确实不容易。

어떠한 경험도 없이 적당한 직장을 찾는 것은 확실히 쉽지 않다

❷ 她既有工作经验又有管理能力，很 适合 / 合适 做这次活动的
负责人。

그녀는 업무 경력도 있고 관리 능력도 있어서 이번 행사의 책임자로 적합하다.

❸ 这台电脑挺不错，非常 适合 / 合适 出差使用。

이 컴퓨터 꽤 괜찮아. 출장 때 쓰기에 적합해.

❹ 用35度的温水刷牙是最 适合 / 合适 的。

35도의 온수로 양치질을 하는 것이 가장 적합하다.

适合
shìhé

❶ [동사] ~하기에 적합하다. ▶ 목적어 수반 가능

- 他太粗心了，不适合我们的工作。
  그는 너무 조심성이 없어서 우리의 일에 적합하지 않아요.

- 这座城市不但气候很适合人们的生活，而且景色也很漂亮。
  이 도시는 기후가 사람들이 생활하기에 알맞을 뿐만 아니라, 경치 역시 매우 아름답다.

---

❷ 뒤에 동사구 목적어를 사용할 수 있다.

- 这张地图很适合挂在客厅里。
  이 지도는 거실에 걸기에 적합하다.

- 今天天气真好，虽然在刮风，但是一点儿也不冷，非常适合去爬山。
  오늘은 날씨가 정말 좋아. 비록 바람은 불지만 조금도 춥지 않아서 등산 가기에 적합해.

 단어

粗心 cūxīn 형 세심하지 못하다, 부주의하다 | **气候** qìhòu 명 기후 | **景色** jǐngsè 명 경치 | **挂** guà 동 걸다 | **客厅** kètīng 명 거실

合适
héshì

❶ [형용사] '적합하다'라는 의미이며, '对…合适'으로도 사용할 수 있다.

▸ 목적어 수반 불가능(주로 술어, 관형어로 사용함)

· 听李阿姨说他是个记者，很有能力，而且你们年龄也合适。
리 씨 아주머니 말로는 그 사람은 기자인데 능력도 있고 게다가 너희 나이도
딱 맞다고 했어.

· 去旅游时，选择合适的目的地非常重要。
여행 갈 때 적절한 목적지를 선택하는 것은 매우 중요하다.

· 这件衣服对你很合适。
이 옷은 너에게 아주 잘 어울려.

记者 jìzhě 명 기자 | 年龄 niánlíng 명 나이 | 选择 xuǎnzé 동 선택하다 | 目的地 mùdìdì 명 목적지

1 이 치마가 딸에게 잘 어울릴 것 같아요. 지금 입으면 분명히 시원할 거예요.
我觉得这条裙子很适合女儿，现在穿肯定特别凉快。

2 그 둘은 비록 국적이 다르긴 하지만, 문화적 차이 때문에 그들이 어울리지 않다고 생각하지는 않아.
他们俩虽然来自不同的国家，但文化上的不同并没有让他们觉得不合适。

3 올해 여름은 정말 참을 수 없을 정도로 덥네. 이렇게 더운 날씨에 달리기를 하는 건 적절하지 않아.
今年夏天真是热得让人受不了，这么热的天实在不适合跑步。

4 이 단어를 여기에 쓰는 것은 어울리지 않아.
这个词语用在这里不合适。

裙子 qúnzi 명 치마 | 凉快 liángkuai 형 서늘하다, 시원하다 | 国家 guójiā 명 국가

돕다
帮助 vs 帮忙

❶ 你搬家时，我一定来 帮助 / 帮忙 。

너 이사할 때 내가 반드시 와서 도와줄게.

❷ 成功的语言学习者会主动请别人 帮助 / 帮忙 他们改错。

언어를 성공적으로 학습한 사람은 적극적으로 다른 사람에게 자신이 틀린 부분을 바로 잡을 수 있도록 도움을 요청한다.

❸ 妈妈让小丽放学就回家 帮助 / 帮忙 ，小丽答应了。

엄마는 샤오리에게 학교를 마치면 집에 돌아와서 도와 달라고 했고, 샤오리는 승낙했다.

❹ 老师不仅鼓励我们，而且还给了我们很多 帮助 / 帮忙 。

선생님은 우리를 격려해주었을 뿐만 아니라 많은 도움도 주었다.

帮助
bāngzhù

❶ [동사] 돕다, 원조하다. ▶목적어 수반 가능

- 小刘性格活泼，又乐于帮助别人。
  샤오리우는 성격이 활발한 데다 기꺼이 다른 사람을 도와준다.

- 每当我遇到困难的时候，他几乎每次都帮助我解决问题。
  내가 어려움에 처할 때마다 그가 거의 매번 문제를 해결해 주었다.

---

❷ [명사] 도움. ▶일반적으로 관형어의 수식을 받음

- 许许多多受过小李帮助的朋友都来了。
  샤오리의 도움을 받았던 수많은 친구들이 모두 왔다.

- 能够向我们提供有效帮助的公司并不多。
  우리에게 효과적인 도움을 제공할 수 있는 회사는 결코 많지 않다.

帮助 帮忙 공통점

❶ 모두 '다른 사람의 일이 많거나 어려울 때 물질적, 정신적으로 지원해주다, 돕다' 라는 의미로 사용된다.

活泼 huópō 형 활발하다 ｜ 乐于 lèyú 동 (어떤 일을) 즐겨하다, 기꺼이 하다 ｜ 每当 měi dāng ~할 때마다 ｜ 遇到 yùdào 동 만나다, 부딪히다 ｜ 能够 nénggòu 조동 충분히 ~할 수 있다 ｜ 提供 tígōng 동 제공하다

帮忙
bāngmáng

❶ [동사] 바쁜 일을 거들다. ▶ '이합동사'로 목적어 수반 불가능

· 不用你帮忙，你去沙发上坐着吧，等会儿饺子好了我叫你。
도와줄 필요 없으니 너는 소파에 가서 좀 앉아있어. 좀 있다가 교자 만두 다 되면 부를게.

· 他在这件事情上帮了我一个大忙。
그는 이 일에 있어서 나에게 큰 도움을 주었다.

给老师帮忙 선생님을 도와드리다, 帮老师的忙 선생님의 일을 돕다, 帮一个忙 도와주다, 帮大忙 큰 도움을 주다

1 다년간 저에게 주신 도움에 감사드립니다.

谢谢你这么多年来对我的帮助。

2 걱정하지 마. 우리가 반드시 너를 도와줄게.

别担心，我们一定帮助你。

3 남동생은 친절해서 매번 자신의 친구에게 무슨 일이 닥칠 때마다 도움을 주고 해결해 주려고 한다.

弟弟是一个很热情的人，每次他的朋友遇到什么事情，他都愿意帮忙解决。

4 A: 너 어떻게 여기에서 판매원을 하고 있어?

B: 겨울방학에 딱히 집에서 할 일도 없어서 겸사겸사 와서 도와드리고 있어.

A: 你怎么在这儿当售货员？

B: 寒假在家没事，就顺便过来帮忙。

 단어

热情 rèqíng 형 친절하다, 열정적이다 | **当** dāng 동 맡다, ~이 되다 | **售货员** shòuhuòyuán 명 판매원 | **顺便** shùnbiàn 부 ~하는 김에, 겸사겸사

방법

办法 vs 方法

실력 체크 ✓

❶ 既然知道问题出在哪儿，那么我们就应该想 办法 / 方法 解决。

어디에서 문제가 생겼는지 알게 되었으니, 방법을 생각해서 해결해야 해요.

❷ 想要练习普通话，办法 / 方法 很简单，你可以通过互联网找个中国朋友聊天儿。

표준어 연습을 하고 싶다면 방법은 간단해. 인터넷을 통해 중국 친구를 찾아 이야기를 하면 돼.

❸ 过去没 办法 / 方法 改变，将来更没人知道。

과거는 바꿀 방법이 없고, 미래는 더더욱 아는 사람이 없다.

❹ 听说刷牙时在牙膏上加点儿盐，就能使牙变白。我打算试试，看看这个 办法 / 方法 究竟有没有效果。

듣기로는 이를 닦을 때 치약에 소금을 약간 넣으면 이를 하얗게 만들 수 있다고 한다. 나는 이 방법이 정말 효과가 있는지 한번 시험해 보려고 한다.

비교 포인트

办法
bànfǎ

❶ [명사] 문제 · 일을 '해결하는' 방법.

· 我们有办法解决这个问题了。

이 문제를 해결할 방법이 생겼다.

· 他现在有困难了，我们帮他想想办法吧。

그에게 지금 어려움이 생겼으니, 우리가 그를 도와 방법을 생각해 보자.

 办法 方法 공통점

❶ [명사] 문제를 해결하는 방법.

· 谁还有更好的办法/方法?

누가 더 좋은 방법이 있습니까?

🔍 **단어**

困难 kùnnán 명 어려움, 곤란

方法
fāngfǎ

❶ [명사] 어떤 일을 해결하거나 업무·일을 하는 '방법'.

· 我们也在研究其他解决方法。
  우리도 다른 해결 방법을 연구하고 있어요.

· 多听多说才是学习汉语的好方法。
  많이 듣고 많이 말하는 것이야 말로 중국어를 배우는 좋은 방법이다.

· 教育孩子要使用正确的方法。
  아이를 교육할 때는 정확한 방법을 사용해야 한다.

工作方法 업무 방법, 学习方法 공부 방법

Plus!

方式 : 다른 환경에서 각기 다른 사람들
이 어떤 일을 하는 습관이나 형식

– 说话要注意表达方式。
  말할 때는 표현 방식에 주의해야 한다.

– 父母应注意与孩子的沟通方式。
  부모는 아이와의 소통 방식에 주의해야
  한다.

研究 yánjiū 동 연구하다 ｜ 其他 qítā 대 기타 ｜ 教育 jiàoyù 동 교육하다 ｜ 正确 zhèngquè 형 정확하다

1

아이가 계속 우는데. 아이를 안 울게 할 방법이 뭐가 있을까?

孩子总是哭，有什么办法可以让她不哭吗？

2

중국인은 숫자를 계산할 때 '正'자를 자주 사용하는데, 이러한 계산 방법은 간단하고 알아보기 쉽다.

中国人在计数时，常常会使用"正"字，这种计数方法简单易懂。

3

이러한 방법은 수학 공부 초급 단계에 있는 아이들에게만 적용된다.

这种方法只适用于那些正处于数学学习初级阶段的孩子们。

4

A: 너 오늘은 왜 계단으로 가?

B: 어쩔 수 없어. 엘리베이터가 고장이 나서, 걸어서 올라갈 수밖에 없어.

A: 你今天怎么走楼梯？

B: 没办法，电梯坏了，只能走上去了。

 단어

哭 kū 동 울다 | **计数** jìshù 동 수를 세다 | **易懂** yìdǒng 형 알기 쉽다, 평이하다 | **处于** chǔyú 동
~에 놓이다 | **初级** chūjí 명 초급 | **阶段** jiēduàn 명 단계 | **电梯** diàntī 명 엘리베이터

도달하다

到达 vs 达到

실력 체크 ✔

❶ 减肥不是一天就能 到达 / 达到 目的的。
다이어트는 하루아침에 목적을 달성할 수 있는 게 아니다.

❷ 我们的飞机马上就要 到达 / 达到 成都了。
저희 비행기는 곧 청두에 도착할 예정입니다.

❸ 他们是昨天晚上十点 到达 / 达到 上海的。
그들은 어제 저녁 10시에 상하이에 도착했다.

❹ 我国汽车制造技术已经 到达 / 达到 了国际先进水平。
우리나라 자동차 제조 기술은 이미 국제 선진 수준에 이르렀다.

到达
dàodá

❶ [동사] 구체적인 지점·시간에 도달하다.

· 返程航班都是夜间到达，很不方便。
  돌아오는 항공편이 모두 야간에 도착해서 불편하다.

· 他们很快就到达目的地了。
  그들은 목적지에 빨리 도착했다.

到达 ＋　上海 상하이, 目的地 목적지, 关键时刻 결정적인 순간

返程 fǎnchéng 명 돌아오는 노선 ｜ **夜间** yèjiān 명 야간

达到
dádào

❶ [동사] 수준 · 정도 · 목표 · 목적 등에 도달하다.

· 这里的地面温度达到110摄氏度以上。
이곳의 지면 온도는 110℃ 이상에 이른다.

· 你的这个目标定得太高了，短时间内根本无法达到。
너 목표를 너무 높게 설정했어. 단시간 내에 달성하는 건 불가능이야.

 达到 ＋ 　水平 수준, 目的 목적, 程度 정도, 数量 수량, 标准 기준, 要求 요구

摄氏度 shèshìdù 양 섭씨도(℃) ｜ 无法 wúfǎ 동 방법이 없다

1 네가 그에게 우리 도착 시간과 장소를 알려줘.

你告诉他我们到达的时间和地点。

2 우리가 탑승한 이 기차는 정시에 시안에 도착한다.

我们乘坐的这列火车准点到达西安。

3 매일 최소 30분씩 걷고, 1분마다 110보 이상을 걸어야지만 건강에 도움이 된다.

每天至少要走半个小时，且每分钟达到110步以上才对健康有
帮助。

4 아이를 데리고 놀 때도 방법을 중요시해야 한다. 그렇지 않으면 이상적인 효과에 도달하기 어렵다.

陪孩子玩儿也得讲技巧，否则，很难达到理想的效果。

列 liè **양** 줄, 열(기차를 세는 단위) | **技巧** jìqiǎo **명** 기교 | **理想** lǐxiǎng **형** 이상적이다 | **效果**
xiàoguǒ **명** 효과

혹은, 또는

还是 vs 或者

실력 체크

① 中国人很少向茶中加入牛奶 还是 / 或者 糖，他们更喜欢茶的
自然香味。
중국인들은 차에 우유나 설탕을 넣는 일이 드물고, 차의 본연의 맛을 더 좋아한다.

② 晚饭吃什么？饺子 还是 / 或者 西红柿鸡蛋面？
저녁 뭐 먹을까? 교자 만두 아니면 토마토계란면?

③ 无论是浪费水 还是 / 或者 浪费食品、时间，都是不对的。
물을 낭비하든 아니면 음식과 시간을 낭비하든, 이는 모두 잘못된 것이다.

④ 夏季，长时间在阳光下对皮肤不好，所以出门时最好带上伞
还是 / 或者 戴上帽子。
여름철 장시간 햇빛 아래에 있는 것은 피부에 좋지 않으므로, 외출할 때는 양산을 챙
기거나 모자를 쓰는 것이 좋다.

还是
háishi

❶ [접속사] '또는, 아니면'이라는 의미로, '두 가지 상황 중 하나를 선택'하는 것을 강조한다. ▶ 주로 의문문에 사용함

- 你要付现金还是刷卡? 너 현금 결제야 아니면 카드 결제야?

- 表格我填好了，给你发传真还是电子邮件?
  나 양식 다 기입했는데, 너한테 팩스로 보낼까 아니면 이메일로 보낼까?

❷ [접속사] '不管(无论)A还是B, 都…' 격식에 자주 사용된다.

- 只要你努力，不管输还是赢都一样精彩。
  열심히 하면, 지든 이기든 모두 똑같이 훌륭하다.

- 不管是工作还是学习，"光说不练"都是不行的。
  일이든 공부든, '말만 앞세우는 것'은 모두 안 된다.

❸ [부사] '아직도, 여전히'라는 의미로, 동작이 여전히 진행중이거나 상태가 변하지 않고 있음을 나타낸다.

- 为什么喝咖啡了还是很困? 왜 커피를 마셨는데도 여전히 졸리지?

- 好几年没见，你还是这么爱开玩笑。
  몇 년 동안 보지 못했는데, 넌 여전히 이렇게 농담하기를 좋아하는구나.

❹ [부사] '~하는 편이 (더) 좋다'라는 의미로, 비교를 거쳐 이미 하나를 선택했거나 어떤 판단을 내렸음을 나타낸다.

- 不过我觉得，我以后还是按时吃饭比较好。
  근데 나는 앞으로도 제때 밥을 먹는 게 더 좋은 것 같아.

- 我们带了这么多行李，很不方便，还是找辆出租车吧。
  우리는 짐이 많아서 불편하니, 택시를 잡는 게 나을 것 같아.

还是 或者 공통점

❶ 모두 '선택 관계'를 나타낸다.

단어

表格 biǎogé **명** 표, 양식 ｜ **填** tián **동** 기입하다, 쓰다 ｜ **不管…都…** bùguǎn… dōu… ~을 막론하고, ~에 상관없이 모두 ~하다 ｜ **输** shū **동** 지다 ｜ **赢** yíng **동** 이기다 ｜ **精彩** jīngcǎi **형** 뛰어나다, 훌륭하다 ｜ **光说不练** guāngshuō búliàn 말만 앞세우다 ｜ **按时** ànshí **부** 제때에

或者
huòzhě

❶ [접속사] '혹은, 또는'이라는 의미로, '두 가지 선택의 가능성을 제기'하는 것을 강조한다. ▶ 주로 평서문에 사용함

· 为了眼睛的健康，我们不要长时间玩手机或者电脑。
눈 건강을 위해 우리는 장시간 동안 휴대폰이나 컴퓨터를 해서는 안 된다.

· 那里人不习惯说东西南北，只说左或者右。
그곳 사람들은 동서남북으로 말하는 것이 익숙하지 않고, 왼쪽 혹은 오른쪽으로만 말한다.

---

❷ [부사] 아마도. ▶ 추측

· 你快走，或者还赶得上车。
빨리 가. 아마도 차를 탈 수 있을 거야.

· 你仔细找一找，或者能找到。
샅샅이 찾아봐. 아마도 찾을 수 있을 거야.

眼睛 yǎnjing 명 눈

1

아이가 계속 울잖아. 아이에게 사탕을 하나 주거나 아이와 놀아 줘.

孩子一直哭呢，你给他一块糖或者和他玩游戏吧。

2

너는 이번 달에 갈 계획이야 아니면 다음 달에 갈 계획이야?

你打算这个月去还是下个月去?

3

쇼핑을 하든 카드 값을 내든 아니면 다른 사람에게 이체를 하든, 모두 인터넷뱅킹을 통해 집에서 수월하게 끝낼 수 있다.

无论是购物、还信用卡、还是给别人转钱，都可以通过网上银行，在家里轻松完成。

4

A: 언제 결과를 알 수 있어?

B: 내일 아니면 모레야. 그들이 전화로 통지해 줄 거야.

A: 什么时候可以知道结果?

B: 明天或者后天吧，他们会打电话通知。

糖 táng **명** 사탕 | **购物** gòuwù **동** 구매하다, 쇼핑하다 | **转钱** zhuǎnqián 이체하다, 송금하다 | **结果** jiéguǒ **명** 결과

~을 통해서

通过 vs 经过

❶ 直往南 通过 / 经过 两个路口，再往西走两百米就到了。

곧장 남쪽으로 가서 갈림길 두 개를 지난 후, 다시 서쪽으로 200m만 가면 돼요.

❷ 通过 / 经过 一段时间的练习，他的跳舞水平提高了很多。

얼마간의 연습을 거쳐, 그의 춤 실력은 크게 향상되었다.

❸ 有的动物会 通过 / 经过 改变皮肤颜色来适应周围的环境。

어떤 동물은 피부색을 바꾸는 것을 통해 주변 환경에 적응한다.

❹ 我的留学申请终于 通过 / 经过 了。

나의 유학 신청이 마침내 통과되었다.

通过
tōngguò

❶ [동사] 통과하다, 관통하다, 사물의 한 끝에서 다른 끝에 이르다.

- 他们正在通过沙漠的中心地带。
  그들은 지금 사막의 중심지대를 통과하고 있다.

- 长长的旅行队伍正在通过天安门广场。
  긴 여행 대열은 현재 천안문 광장을 통과하고 있다.

❷ [동사] 심사자의 동의를 거쳐 성립되거나 합격하다.

- 这个计划在昨天的会议上已经通过了。
  이 기획안은 어제 회의에서 이미 통과되었다.

- 上飞机前，一定要通过安全检查。
  비행기 탑승 전, 반드시 보안검사를 통과해야 해.

❸ [전치사] '~을 통하여'라는 의미로, 어떤 방법을 통해 결과·목적이 이루어짐을 나타낸다. ▶ 수단·방식·매개를 강조

- 通过这本书，我们可以了解中国文化和中国人的想法。
  이 책을 통해 우리는 중국 문화와 중국인의 생각을 이해할 수 있다.

- 越来越多的人通过小说认识了她，她也因此成了人们眼中的名人。
  점점 더 많은 사람들이 소설을 통해 그녀를 알게 되었고, 그녀도 이로 인해 사람들에게 유명인이 되었다.

通过 经过 공통점

❶ 모두 '어떤 활동을 통해서 일을 실현하는 과정'을 나타낸다.

- 通过/经过这次会议，大家加强了团结。
  이번 회의를 통해 단결을 강화하였다.

- 通过/经过谈判，双方都了解了对方的意图。
  담판을 통해 쌍방 모두 상대방의 의도를 이해했다.

 단어

沙漠 shāmò 명 사막 | 地带 dìdài 명 지대, 지역 | 队伍 duìwu 명 대열, 집단

经过
jīngguò

❶ [동사] 지나가다, 거치다.

- 火车经过长江大桥往南开去了。
  기차가 장강대교를 지나 남쪽으로 갔다.

- 经过前面几家饭店，就可以到我家。
  앞에 몇 개의 식당을 지나면 우리집에 도착할 수 있다.

❷ [동사] '거치다'라는 의미로, 과정을 거쳐 어떤 결과에 도달함을 나타낸다. ▶ 두 동작의 시간상의 선후를 강조

- 经过大家的努力，公司的生意越做越大。
  모두의 노력으로 회사의 사업 규모가 나날이 커졌습니다.

- 经过调查，我们了解了事情的原因。
  조사를 거쳐 우리는 일의 원인을 파악하게 되었다.

❸ [명사] 일의 처음부터 끝까지의 발전 과정.

- 他把事情的经过告诉了大家。
  그가 일의 경과를 모두에게 말해주었어요.

- 我当时在场，目睹了事情的经过。
  저는 당시 현장에 있었고, 사건의 경과를 직접 보았어요.

长江大桥 Chángjiāng dàqiáo 장강대교 | 漫长 màncháng 형 멀다, 길다 | 演变 yǎnbiàn 동 발전하다 | 生意 shēngyi 명 장사 | 原因 yuányīn 명 원인 | 目睹 mùdǔ 동 목도하다

1 며칠 간의 공동 생활을 통해 그들 사이에 깊은 감정이 생겼다.

经过几天的共同生活，他们之间有了深深的感情。

2 비자가 통과되면 근무일 기준으로 7일 내에 여권을 보내 드리겠습니다.

签证通过的话，我们会在七个工作日内把护照寄出。

3 우리는 조사를 통해 대략 여성의 3분의 2가 다이어트를 생각해 본 적이 있다는 것을 알게 되었다.

我们通过调查发现，大约有三分之二的女人考虑过减肥。

4 A: 중간에 그 몇 마디 대화는 당신이 추가한 건가요?

B: 네, 사전에 동의를 거치지 않아서 죄송합니다.

A: 中间那几句对话是你加的？

B: 对，没提前经过您的同意，对不起。

感情 gǎnqíng 명 감정 ｜ **签证** qiānzhèng 명 비자 ｜ **减肥** jiǎnféi 동 다이어트하다 ｜ **同意** tóngyì 동
동의하다

방금

刚才 vs 刚刚

1 刚才 / 刚刚 他在会议室开会，这会儿吃饭去了。
방금 전 그는 회의실에서 회의를 하고 있었는데, 지금은 밥을 먹으러 갔어요.

2 刚才 / 刚刚 的菜合不合你的口味？
방금 전 음식은 네 입맛에 맞아?

3 箱子不大，刚才 / 刚刚 装下衣服和书本。
상자가 크지 않아서 겨우 옷가지와 책만 넣을 수 있다.

4 他 刚才 / 刚刚 走，你快去追吧。
그는 방금 갔어. 빨리 쫓아가 봐.

刚才
gāngcái

❶ [명사] '지금 막, 방금'이라는 의미로, 방금 전 어떤 일이 발생함을 강조한다. ▶주어 앞 혹은 뒤에 위치함

- 我刚才检查了一遍，没问题。
  내가 방금 한 번 확인했는데, 문제없어.

- 刚才电视里说明天更冷。
  방금 TV에서 내일은 더 춥다고 했다.

❷ 명사를 수식하는 관형어로 사용할 수 있다.

- 刚才的电视新闻你看了没有？
  방금 전 TV뉴스 봤어?

- 他把刚才的事儿忘了。
  그는 방금 전의 일을 잊어버렸다.

 **공통점**

❶ 모두 '방금 전에 어떤 일이 발생했음'을 강조한다.

- 我刚才/刚刚接到通知，明天要出差。
  나 방금 통지 받았는데, 내일 출장 가야 해.

新闻 xīnwén 명 뉴스

刚刚
gānggāng

❶ [부사] '막, 방금'이라는 의미로, 어떤 일이 완성된 지 얼마 되지 않았음을 강조한다.

· 他刚刚从国外回来。 그는 외국에서 막 돌아왔다.

· 你不用着急，我也刚刚上地铁。
조급해하지 않아도 돼. 나도 막 지하철 탔어.

❷ 술어 동사 앞에 위치하며, 술어 동사 뒤에 시간의 양을 나타내는 구(句)가 있을 경우 刚刚만 사용할 수 있다.

· 他刚刚走了不到五分钟。 그가 떠난 지 5분도 되지 않았다.

❸ [부사] 가까스로 어떤 수량에 도달하였거나 어떤 상태에 진입한 시간이 매우 짧다.

· 他的月工资刚刚1500元。 그의 월급은 겨우 1,500위안이다.

· 这种技术在发达国家已十分成熟，在我国才刚刚起步。
이러한 기술은 선진국에서는 이미 매우 발달하였지만, 우리나라에서는 이제 막 시작되었다.

❹ [부사] 수량·시간 등이 마침 딱 어떤 지점에 있다.

· 我到办公室的时候刚刚好是八点，没有迟到。
내가 사무실에 도착했을 때 8시 정각이어서 지각하지 않았다.

· 我的英语成绩不多不少，刚刚好是60分。
나의 영어 성적은 높지도 낮지도 않고 딱 60점이다.

工资 gōngzī 몡 월급 ㅣ **技术** jìshù 몡 기술 ㅣ **发达国家** fādá guójiā 몡 선진국 ㅣ **成熟** chéngshú 휑 성숙하다, 숙련되다 ㅣ **起步** qǐbù 동 시작하다

1 방금 전 그 사람은 누구야?
刚才的那个人是谁?

2 수능 성적이 막 나와서 지원서를 작성할 준비를 하고 있어.
高考成绩刚刚出来，我正准备填志愿呢。

3 막 사회에 진출한 젊은 사람들은 돈을 버는 것에 너무 조급하지 않아야 한다.
年轻人刚刚进入社会的时候，不要太着急赚钱。

4 A: 너 손 왜 그래?
B: 방금 주방 치울 때 잘못해서 까졌어.

A: 你的手怎么了?
B: 刚才收拾厨房的时候不小心擦破了。

志愿 zhìyuàn 명 지원, 지원서 | **着急** zháojí 형 조급하다 | **赚钱** zhuànqián 동 돈을 벌다 | **擦破**
cāpò 동 (살갗이) 스쳐 벗겨지다

~하면서 ~하다

一边…一边… vs 又…又…

❶ 今天的苹果 一边 / 又 甜 一边 / 又 新鲜，要不要来一个？

오늘 사과가 달고 신선해요. 하나 사시겠어요?

❷ 你别 一边 / 又 刷牙 一边 / 又 说话，我听不清楚。

너 양치질하면서 말하지 마. 못 알아 듣겠어.

❸ 他 一边 / 又 爱学习，一边 / 又 爱帮助别人。

그는 공부하는 것도 좋아하고 남을 돕는 것도 좋아한다.

❹ 当我觉得累的时候，我就 一边 / 又 喝茶 一边 / 又 听音乐。

나는 힘들다고 느낄 때, 차를 마시면서 음악을 듣는다.

143

一边…
一边…
yìbiān…
yìbiān…

❶ [접속사] ～하면서 ～하다. ▶ 두 가지 동작이 동시에 진행됨

· 孩子总是一边听音乐一边看书，他能记住吗?
아이가 항상 음악을 들으면서 책을 읽는데, 기억할 수 있을까?

· 你不要一边走一边看手机，这样对眼睛不好。
너 걸으면서 휴대폰 보지 마. 이렇게 하면 눈에 안 좋아.

一边…一边… 又…又… 공통점

❶ 모두 서로 수식이나 설명 관계가 아닌 대등한 관계이며, 주로 어떤 상황에 대해 묘사를 한다.

단어

总是 zǒngshì 부 항상, 늘 | 记住 jìzhù 동 기억하다

又…
又…
yòu…
yòu…

❶ [접속사] ～하고 ～하다. ▶ 두 가지 동작 · 상태 · 상황이 동시에 존재함

· 这本词典又厚又重。
　이 사전은 두껍고 무겁다.

· 外面又刮风又下雨，有点儿冷。
　밖에 바람도 불고 비도 와서 조금 춥다.

厚 hòu 형 두껍다 ｜ 刮风 guāfēng 동 바람이 불다

1 이 휴대폰은 망가지고 낡았는데, 왜 아직도 안 버렸어?
这个手机又破又旧，你怎么还没扔掉？

2 나 팔이 시큰거리고 아파. 아침에 일어났을 때 들 수도 없었어.
我的胳膊又酸又疼。早上起床的时候都抬不起来了。

3 그는 대답하면서 손에 있던 책을 내려놓았다.
他一边答应，一边放下手里的书。

4 그는 나처럼 뛰면서 음악 듣는 것을 좋아한다.
他跟我一样，喜欢一边跑步，一边听音乐。

 단어

扔掉 rēngdiào 동 버리다 ┃ **胳膊** gēbo 명 팔 ┃ **酸** suān 형 시큰거리다 ┃ **疼** téng 형 아프다 ┃ **抬** tái 동 들어올리다 ┃ **答应** dāying 동 대답하다, 동의하다

종종

常常 vs 往往

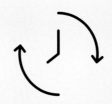

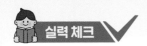
실력 체크

❶ 人在没有压力的情况下，常常 / 往往 不想工作。
사람은 스트레스가 없는 상황에서는 종종 일하기 싫어한다.

❷ 李经理 常常 / 往往 帮大家解决问题。
리 팀장님은 항상 여러 사람을 도와 문제를 해결한다.

❸ 成功的语言学习者，在学习方面 常常 / 往往 都是积极主动的。
성공한 언어학습자는 학습 방면에서 항상 적극적이고 주동적이다.

❹ 人之所以累，就是因为 常常 / 往往 停留在坚持和放弃之间，
难以选择。
사람이 힘든 이유는 항상 버티기와 포기 사이에 머물러 선택하기 어렵기 때문이다.

常常
chángcháng

❶ [부사] 단순히 동작이 중복됨을 나타낸다. ▶ 규칙성 없음, 동작 발생이 많음

· 他常常去体育馆锻炼身体。 그는 자주 체육관에 가서 운동을 한다.

· 他常常不来上课。 그는 종종 수업에 오지 않는다.

❷ [부사] 과거 · 현재 · 미래에 사용할 수 있다.

· 去年周末我们常常去打篮球。
작년 주말에 우리는 자주 농구를 하러 갔다.

· 以后我常常去看你。
앞으로 내가 너 보러 자주 갈게.

❸ [부사] 주관적인 바람을 나타낼 수 있으며, 의문문에 사용할 수 있다.

· 我希望你能常常去旅游。
나는 네가 자주 여행을 갈 수 있었으면 좋겠어.

· 你常常去学校吗?
너는 학교에 자주 가?

❹ [부사] 어떤 술어 앞에 놓여도 상관 없다.

· 我常常去跑步。 나는 자주 달리기를 한다.

· 我们常常演出。   우리는 자주 공연을 한다.

常常 往往 공통점

❶ [부사] 모두 '어떤 상황이 자주 출현함'을 나타내며, 평서문에 사용할 수 있고 감탄문에는 사용할 수 없다.

· 她常常/往往会一个人偷偷地流泪。
그녀는 종종 혼자서 몰래 눈물을 흘린다.

· 有时在谈话中，人们咳嗽常常/往往是因为听到了一些不合适的言语。
가끔 이야기할 때 사람들이 기침을 하는 것은 때때로 부적절한 말을 들었기 때문이다.

 단어

体育馆 tǐyùguǎn 명 체육관 | **锻炼身体** duànliàn shēntǐ 체력을 단련하다, 운동하다

往往
wǎngwǎng

❶ [부사] 문장에 반드시 시간·장소 혹은 조건 등이 제시되어야 하며, 어떤 상황에서 어떤 일을 한다는 결과를 강조한다.

· 无聊的时候，他往往会喝杯咖啡，听听音乐。
  심심할 때 그는 종종 커피를 마시거나 음악을 듣는다.

· 积极的人往往能从失败中看到成功的机会。
  긍정적인 사람은 종종 실패에서 성공의 기회를 본다.

· 听说他往往一个人去操场跑步。
  듣자 하니 그는 종종 혼자 운동장에 가서 달리기를 한다고 한다.

❷ [부사] 과거·현재에만 사용할 수 있고, 미래에는 사용할 수 없다.

· 去年周末我们往往去打篮球。(○)
  작년 주말에 우리는 자주 농구를 하러 갔다.

· 以后我往往去看你。(×)
  앞으로 내가 너 보러 자주 갈게.

❸ [부사] 주관적인 바람을 나타낼 수 없으며, 의문문에 사용할 수 없다.

· 我希望你能往往去旅游。(×)
  나는 네가 자주 여행을 갈 수 있었으면 좋겠어.

· 你往往去学校吗? (×)
  너는 학교에 자주 가?

无聊 wúliáo 형 무료하다, 재미없다 | 积极 jījí 형 긍정적이다 | 失败 shībài 명 실패 | 成功 chénggōng 명 성공 | 操场 cāochǎng 명 운동장

1 걱정하지 마. 내가 반드시 자주 너에게 편지 쓸게.

你放心，我一定会常常给你写信。

2 아이가 일을 느리게 하는 것은 종종 스스로 자신의 시간을 계획할 줄 모르기 때문이다.

孩子做事慢往往是因为他们不会安排自己的时间。

3 현대인은 종종 선택지가 너무 많아, 소위 말하는 '선택 장애'를 겪는다.

现代人常常会因为选择太多，患上所谓的"选择困难症"。

4 모든 대학원생이 졸업 이후에 좋은 직장을 찾을 수 있는 것은 아니다. 왜냐하면 일할 때의 능력이 때때로 더 중요하기 때문이다.

并不是所有的研究生毕业后都能找到好工作，因为工作时能力往往更重要。

 단어

安排 ānpái 동 안배하다, 계획하다 ｜ **患** huàn 동 앓다, 걸리다 ｜ **所谓** suǒwèi 형 소위, ~라는 것은 ｜

困难 kùnnán 명 어려움, 곤란 ｜ **研究生** yánjiūshēng 명 대학원생, 연구생

사과하다 vs 미안해하다

道歉 vs 抱歉

실력 체크 ✓

1. 这件事确实是我误会他了，我明天就去向他 道歉 / 抱歉 。
   이 일은 확실히 내가 그를 오해했어. 내일 바로 그에게 사과할 거야.

2. 道歉 / 抱歉 ，先生，这张床真的不能再打折了。
   죄송하지만 선생님, 이 침대는 정말 더는 할인이 안 됩니다.

3. 道歉 / 抱歉 ，最后的结果还没出来，有消息我们会马上通知你的。
   죄송하지만 최종 결과가 아직 안 나왔습니다. 소식이 나오는 대로 바로 알려 드리겠습니다.

4. 公园管理者正在向游客 道歉 / 抱歉 。
   공원 관리자는 여행객에게 사과를 하고 있다.

道歉
dàoqiàn

❶ [동사] '사과하다'라는 의미로, 미안함을 나타낸다.
▶ 이합동사로 중간에 다른 성분이 들어갈 수 있음

· 是我错了，我应该向你道歉。
제가 잘못했어요. 당신께 사과드릴게요.

· 别以为做错了事，道个歉，说句对不起就行了。
잘못한 뒤 사과하고 미안하다 한 마디면 된다고 생각하지 마.

❷ [명사] 사과.

· 请你接受我的道歉。
저의 사과를 받아주세요.

错 cuò 형 틀리다, 잘못하다 | 接受 jiēshòu 동 받아들이다

抱歉
bàoqiàn

❶ [형용사] '미안하게 생각하다'라는 의미로, 미안한 심리 상태를 나타낸다.

· 先生，真抱歉，这个不能带进森林内。
  선생님. 정말 죄송하지만 이것은 숲 속에 들고 들어가실 수 없습니다.

· 很抱歉，您的这张卡已经过期了。
  죄송합니다. 이 카드는 이미 유효기간이 지났습니다.

覚得抱歉 미안하게 생각하다, 感到抱歉 미안하다고 느끼다, 表示抱歉 미안함을 나타내다

森林 sēnlín 명 숲 | **过期** guòqī 동 기일이 지나다

1 죄송합니다. 엘리베이터가 현재 수리 중이어서 대략 40분 후에나 사용할 수 있습니다.

抱歉，电梯正在修理，大约得40分钟后才能使用。

2 나 오늘 일부러 너에게 사과하러 온 거야. 미안해.

我今天是专门来向你道歉的，对不起。

3 번거롭게 해드려서 죄송하게 생각합니다.

带给您这么多麻烦，我们感到很抱歉。

4 그는 자신의 행동에 대해 상대방에게 사과했다.

他对自己的行为向对方道歉。

修理 xiūlǐ **동** 수리하다 ㅣ **专门** zhuānmén **부** 특별히, 일부러 ㅣ **麻烦** máfan **동** 귀찮게 하다, 번거롭게 하다 ㅣ **行为** xíngwéi **명** 행위 ㅣ **对方** duìfāng **명** 상대방

具有 vs 拥有

소유하다, 가지다

실력 체크

① 在市场经济中，企业诚信 具有 / 拥有 经济学价值。
시장경제에서 기업의 신용은 경제학적 가치를 지닌다.

② 他虽然 具有 / 拥有 很多财产，生活却很简朴。
그는 비록 많은 재산을 가지고 있지만, 생활하는 것은 매우 소박하다.

③ 人们感觉降价40%的商品在价格上更 具有 / 拥有 吸引力。
사람들은 40% 할인된 상품이 가격 면에서 더욱 매력적이라고 느낀다.

④ 沙尘天气 具有 / 拥有 一定的好处，比如有利于近海地区养殖业的发展。
황사 날씨는 어느 정도 장점이 있는데, 예를 들어 근해 지역 양식업의 발전에 도움이 된다.

具有
jùyǒu

❶ [동사] 가지다. ▶ 추상적인 명사와 함께 쓰임

· 时间具有相对主观性。
시간은 상대적인 주관성을 가진다.

· 西湖白堤具有纪念价值。
시후의 바이티(제방)는 기념적 가치를 지닌다.

具有 ＋ 价值 가치, 能力 능력, 意义 의미, 功能 기능, 特点 특징, 用途 용도, 水平 수준

단어

相对 xiāngduì 형 상대적이다 ｜ **主观性** zhǔguānxìng 명 주관성 ｜ **堤** dī 명 둑, 제방 ｜ **纪念** jìniàn 명 기념 ｜ **功能** gōngnéng 명 기능 ｜ **用途** yòngtú 명 용도

拥有
yōngyǒu

❶ [동사] 보유하다, 가지다. ▶ 구체적인 명사와 함께 쓰임

· 这个国家拥有丰富的石油资源。
이 나라는 풍부한 석유자원을 보유하고 있다.

· 短短二年时间，他就已经拥有了12家连锁店。
3년의 짧은 시간 동안, 그는 벌써 12개의 체인점을 보유하였다.

 拥有 ＋　土地 토지, 军队 군대, 人口 인구, 歌迷 팬, 财富 재산, 权利 권리

石油 shíyóu 명 석유 ｜ 资源 zīyuán 명 자원 ｜ 连锁店 liánsuǒdiàn 명 체인점 ｜ 军队 jūnduì 명 군대 ｜ 迷 mí 명 애호가, 광, 팬 ｜ 财富 cáifù 명 재산 ｜ 权利 quánlì 명 권리

1 이 범위 내의 행성들이 생명체를 가지고 있을 확률이 더 크다.

这一范围内的行星拥有生命的机会就更大。

2 저는 더욱더 풍부한 업무 경험을 갖게 되기를 바랍니다.

我真希望能拥有更加丰富的工作经验。

3 이 문학작품은 매우 높은 예술적 가치를 지닌다.

这部文学作品具有很高的艺术价值。

4 이러한 종류의 나무는 방풍작용이 꽤 좋은 수목으로, 우수한 이용 가치를 가지고 있다.

这种树还是很好的防风树种，具有很高的利用价值。

단어

范围 fànwéi **명** 범위 ｜ **行星** xíngxīng **명** 행성 ｜ **防风** fángfēng **동** 바람을 막다 ｜ **树种** shùzhǒng **명** 수목의 종류

본래, 원래

本来 vs 原来

실력 체크

① 我 本来 / 原来 的那台笔记本电脑坏了。

나의 원래 그 노트북은 고장이 났다.

② 我刚躺下就听见有人敲门, 本来 / 原来 是你啊。

내가 눕자마자 누가 노크하는 소리를 들었는데, 알고 보니 너였구나.

③ 我 本来 / 原来 以为你会学语言, 没想到你竟然学医了。

나는 네가 언어 전공인 줄 알았는데, 의학 전공일 거라고는 생각도 못 했어.

④ 她说话的时候, 总是喜欢做动作, 本来 / 原来 很普通的事,
   经她一讲, 就变得非常有意思。

그녀가 말할 때 항상 동작을 섞어가며 말하는 까닭에, 원래 평범한 일도 그녀의 말을
거치면 매우 재미있어진다.

本来
běnlái

❶ [형용사] 원래 가지고 있는 것, 최초의.

- 没有人知道她本来的名字。

  그녀의 원래 이름을 아는 사람은 없다.

- 这张地图太旧了，本来的颜色已经看不清楚了。

  이 지도는 너무 낡아서 원래의 색이 이미 잘 보이지 않는다.

---

❷ [부사] '본래부터'라는 의미로, 동작이 발생한 시간이 이전이었음을 나타낸다.

- 他本来就不瘦，现在更胖了。

  그는 원래도 날씬하지 않았는데, 지금은 살이 더 쪘다.

- 她本来很爱笑，是一个非常活泼的人，可现在不是这样。

  그녀는 원래 잘 웃고 굉장히 활발한 사람이었는데, 지금은 그렇지 않다.

---

❸ [부사] '응당, 당연히'라는 의미로, 이치상 당연히 이래야 함을 나타낸다.

- 大学生本来就应该参加这样的社会活动。

  대학생은 원래 이런 사회 활동에 참가해야 한다.

- 真抱歉，本来我该去机场接你，可是实在没时间。

  정말 죄송합니다. 원래는 제가 공항에 마중 나가야 하는데, 정말로 시간이 없네요.

本来 原来 공통점

❶ 모두 '동작이 발생한 시간이 이전이었음'을 나타낸다.

- 我是一个记者，谁能想到我本来/原来学的是经济呢？

  나는 기자인데, 나의 전공이 경제라는 것을 누가 생각이나 하겠는가?

- 小王本来/原来是位演员，但是演了十几年也没几个人记住他。

  샤오왕은 원래 배우지만, 연기를 10여 년 했어도 그를 기억하는 사람은 몇 명 없다.

단어

经济 jīngjì 명 경제

原来
yuánlái

❶ [명사] 처음, 예전.

· 现在的日子比原来好多了。

지금 형편이 예전보다 많이 좋아졌다.

❷ [형용사] (변화를 거치지 않은) 원래의, 본래의.

· 他还住在原来的地方。

그는 여전히 원래 그 곳에 살고 있다.

· 光有计划还不行，我们必须能及时地对原来的计划做出改变。

계획만 있어서는 안 되고, 우리는 원래의 계획을 즉시 바꿀 수 있어야 합니다.

❸ [부사] '알고 보니'라는 의미로, 이전에 모르는 상황을 발견함을 나타낸다.

· 原来你也在这个学校啊，我今天才知道。

너도 이 학교 다니는구나. 나 오늘에서야 알았어.

· 小王把事情的经过告诉我了，原来这件事真的跟你没关系。

샤오왕이 일의 경과를 나에게 알려 줬어. 알고 보니 이 일은 정말로 너와는 상관이 없더라.

光 guāng **부** 단지, 오로지

1

원래 9시에 아쿠아리움 입구에서 만나기로 했는데, 결국 나는 한참을 기다렸지만 아무도 오지 않았다.

本来说好9点在海洋馆门口见的，结果我等了半天也没等到人。

2

알고 보니 그것은 가짜 뉴스였다.

原来那是个假消息。

3

나는 며칠 전에 대기업에 입사 지원을 했다. 원래는 가망이 없을 줄 알았는데, 오늘 면접 통지를 받았다.

我前几天去一家大公司应聘，本来以为没希望了，今天却收到了面试通知。

4

A: 짐 가방 비밀번호 네가 바꿨어?

B: 아니, 원래 그 4자리 숫자야.

A: 行李箱的密码你改了吗?

B: 没有啊，还是原来那四个数字。

🔍 **단어**

海洋馆 hǎiyángguǎn 명 아쿠아리움 | **结果** jiéguǒ 접 결국은, 끝내 | **假** jiǎ 형 가짜의, 거짓의 | **消息** xiāoxi 명 소식 | **以为** yǐwéi 동 ~라고 잘못 생각하다 | **面试** miànshì 명 면접

경험

经历 vs 经验

❶ 没有任何 经历 / 经验 就想找到一份合适的工作确实不容易。
어떠한 경험도 없이 적당한 직장을 찾는 것은 정말 쉽지 않다.

❷ 世界上有多种职业。在实际生活中，我们不可能都 经历 / 经验 一遍。
세상에는 많은 직업이 있지만, 실제 생활에서는 다 한 번씩 겪어 볼 수는 없다.

❸ 我们可以从失败中发现自己的缺点，总结出很多 经历 / 经验。
우리는 실패에서 자신의 결점을 발견하고 많은 경험을 총정리 할 수 있다.

❹ "不经冬寒，怎知春暖" 说的是只有 经历 / 经验 冬天，才会懂得春天有多么暖和。
'不经冬寒, 怎知春暖'은 겨울을 겪어 봐야만 봄이 얼마나 따뜻한 지를 안다는 것을 말한다.

经历
jīnglì

❶ [명사] 전후로 몸소 했던, 보았던, 겪었던 일이나 경험, 경력.

• 很多女孩都有过减肥的经历，但大部分人都以失败告终。
대다수의 여자들은 모두 다이어트 경험이 있지만, 대부분은 실패로 끝난다.

• 她俩从小就认识，有着许多共同兴趣与经历。
그녀 둘은 어렸을 때부터 알아서, 많은 공동의 취미와 경험을 가지고 있다.

❷ [동사] 겪다, 경험하다. ▶ 일찍이 어떤 일을 겪었음을 강조

• 人使用火的历史非常长，而且经历了多次发展。
인류가 불을 사용한 역사는 오래되었을 뿐만 아니라 많은 발전도 겪어 왔다.

• 如果不经历一些困难，就永远无法明白什么才是真正的幸福。
어려움을 겪어 보지 않으면 진정한 행복이 무엇인지 영원히 알 수 없다.

经历 ＋ 失败 실패, 挫折 좌절, 事情 일

 단어

以 yǐ 전 ~로써, ~으로 | 告终 gàozhōng 동 끝을 알리다, 끝나다 | 许多 xǔduō 형 매우 많다 | 挫折 cuòzhé 명 좌절, 실패

经验
jīngyàn

❶ [명사] 어떤 일을 통해 얻은 지식이나 감상, 유용하고 유익한 경험.

· 她一直认为，旅行的重点是积累知识和经验。
그녀는 여행에서 가장 중요한 점은 지식과 경험을 쌓는 것이라고 생각한다.

· 我选这份工作的目的本来就不是为了赚钱，而是想积累更多的经验。
내가 이 일을 선택한 목적은 원래 돈을 벌기 위한 것이 아니라 더 많은 경험을 쌓고 싶어서다.

积累 쌓다, 介绍 소개하다, 总结 총결하다, 交流 교류하다 ＋经验

工作 업무, 学习 공부, 管理 관리, 丰富 풍부한, 宝贵 귀중한 ＋(的)经验

重点 zhòngdiǎn 명 핵심, 중점 ｜ 积累 jīlěi 동 쌓다

1 제가 온 지 얼마 되지 않아 아무런 경험이 없지만, 열심히 배우겠습니다.

我刚来，没什么经验，但我会努力学习的。

2 나는 대학을 졸업한 후 기자 일을 하고 있다. 비록 힘들기는 하지만 나에게 많은 경험을 쌓게 해 주었다.

我大学毕业后就做了记者，虽然有些辛苦，但这也让我积累了不少经验。

3 사랑에 있어 두 사람이 함께 겪는 일이 많아지면, 감정은 자연히 갈수록 깊어질 것이다.

在爱情里面，两个人共同经历的事情多了，感情自然就会越来越深。

4 격려와 믿음은 아이가 좌절을 겪고 난 뒤 부모에게서 가장 얻고 싶어 하는 것이다.

鼓励和信任是孩子在经历挫折之后最需要从父母那里得到的东西。

단어

越来越 yuèláiyuè 부 갈수록 ｜ **鼓励** gǔlì 동 북돋우다, 격려하다 ｜ **信任** xìnrèn 동 신임하다, 믿다

포함하다

包含 VS 包括

실력 체크 ✓

① 这本书 包含 / 包括 着很深的内涵。
이 책은 깊은 뜻을 담고 있다.

② 我说的是全校老师，当然 包含 / 包括 你在内。
제가 말한 건 전교 선생님들이에요. 당연히 선생님도 포함되어 있어요.

③ 家用电器 包含 / 包括 洗衣机、电视、冰箱什么的。
가전제품은 세탁기, TV, 냉장고 등을 포함한다.

④ 这段话虽短，却 包含 / 包括 了丰富的内容。
이 말은 비록 짧지만 풍부한 내용을 내포하고 있다.

包含
bāohán

❶ [동사] '안에 함유하고 있다'라는 의미로, 대상은 1개이며, 추상적인 내용과 함께 사용한다.

- 人们相信一些常见的梦包含着特别的意义。
  사람들은 일부 흔한 꿈들이 특별한 의미를 내포하고 있다고 믿는다.

- 这些广告并没有包含太多有用信息。
  이러한 광고들은 유용한 정보를 많이 포함하고 있지 않다.

包含(的) + 　意义 의미, 意思 뜻, 感情 감정, 期望 기대, 道理 도리, 信息 정보

梦 mèng 명 꿈 ┃ 意义 yìyi 명 의의, 의미

❶ [동사] '(수량·범위·넓이 방면에서) 포괄하다, 포함하다'라는 의미로, 대상은 주로 2개 이상이며, 구체적인 내용과 추상적인 내용 모두 함께 사용할 수 있다.

- 可再生能源主要包括太阳能、风能和水能等。
  재생 가능 에너지는 주로 태양 에너지, 풍력 에너지, 물 에너지 등을 포함한다.

- 有氧运动包括游泳、慢跑、骑自行车等。
  유산소 운동은 수영, 천천히 달리기, 자전거 타기 등을 포함한다.

包括 ＋   内容 내용, 原则 원칙, 任务 임무

可再生能源 kě zàishēng néngyuán 명 재생 가능 에너지 | 太阳 tàiyáng 명 태양 | 有氧运动 yǒuyǎng yùndòng 유산소 운동 | 原则 yuánzé 명 원칙

1 이 애니메이션은 재미있을 뿐만 아니라 인생의 도리도 내포하고 있다.

这部动画片不光有趣，还包含着很多人生道理。

2 선물은 비록 작지만 친구의 깊은 정이 담겨 있다.

礼物虽小，却包含着朋友的一份深情。

3 위를 튼튼하게 하려면 종합적으로 관리해야 하는데, 음식, 휴식, 운동 등을 포함해 각 방면에서 모두 주의해야 한다.

养胃是需要综合调理的，包括在饮食、作息、运动等各方面都要注意。

4 도서관에 새 책이 들어왔는데, 그 중 외국 문학 명작도 일부 포함되어 있다.

图书馆进了一些新书，其中包括一些外国文学名著。

 단어

动画片 dònghuàpiàn 명 만화 영화, 애니메이션 | **养胃** yǎngwèi 동 위를 튼튼하게 하다 | **综合** zōnghé 동 종합하다 | **调理** tiáolǐ 동 관리하다

16

유지하다

保持 vs 维持

실력 체크 ✔

① 他的收入仅够 保持 / 维持 生活。
그의 수입은 겨우 생활을 유지할 수 있을 정도다.

② 我们应该 保持 / 维持 积极乐观的心态。
우리는 긍정적이고 낙관적인 마음을 유지해야 해요.

③ 失眠的主要表现是入睡困难，难以 保持 / 维持 睡眠。
불면증의 주요 증상은 잠들기 어렵고 수면을 유지하기 어렵다는 것이다.

④ 树懒能长时间倒挂在树上，甚至连睡觉时也 保持 / 维持 这种
姿势。
나무늘보는 장시간 동안 나무에 거꾸로 매달려 있을 수 있는데, 심지어 잠을 잘 때도
이 자세를 유지한다.

保持
bǎochí

❶ [동사] 원래 좋은 상태가 변하지 않도록 지키다.
▸ 소실되거나 약화되지 않도록 함

· 人们靠穿衣来保持体温主要是通过热传导来实现的。
사람들이 옷을 입어서 체온을 유지하는 것은 주로 열전도를 통해 이루어진다.

· 分阶段实现目标有助于保持热情。
단계를 나누어 목표를 실현하는 것은 열정을 유지하는 데 도움이 된다.

保持 + 关系 관계, 联系 연락, 水平 수준, 传统 전통, 平常心 평정심,
习惯 습관, 生活态度 생활태도, 记录 기록, 沉默 침묵

 保持 维持 공통점

❶ [동사] 사물의 형태 · 상태를 변하지 않게 유지하다.

· 中国经济虽能保持/维持较高增长，但难以拉动整个世界经济。
중국 경제는 비록 높은 성장을 유지하고 있지만, 세계 경제를 이끌어가기는 어렵다.

· 这个地方要保持/维持原样，不能随意改变。
이곳은 원래의 모습을 유지해야 하지, 마음대로 바꾸어서는 안 된다.

🔍 **단어**

靠 kào 동 기대다 | 体温 tǐwēn 명 체온 | 热传导 rèchuándǎo 명 열전도 | 实现 shíxiàn 동 실현하다 | 有助于 yǒuzhùyú ~에 도움이 되다 | 传统 chuántǒng 명 전통 | 沉默 chénmò 명 침묵

维持
wéichí

❶ [동사] 더 나빠지지 않게 노력해서 지키다. ▶ 계속 존재하도록 함

· 维生素是维持生命和健康所必需的重要营养。
비타민은 생명과 건강을 유지하는 데 필요한 중요한 영양소이다.

· 人们都希望维持现在的稳定局面。
사람들은 현재의 안정적인 국면을 유지하기를 바란다.

维持 ＋ 生命 생명, 秩序 질서, 生活 생활

维生素 wéishēngsù **명** 비타민 ｜ 必需 bìxū **동** 꼭 필요로 하다 ｜ 营养 yíngyǎng **명** 영양 ｜ 稳定 wěndìng **형** 안정적이다 ｜ 局面 júmiàn **명** 국면, 형세, 양상 ｜ 秩序 zhìxù **명** 질서

1 현 상태를 유지하는 것만으로는 부족하니, 우리는 반드시 새로운 돌파구가 있어야 한다.

仅仅维持现状是不够的，我们必须有所突破。

2 뇌는 문제를 사고하는 것을 좋아하는데, 자주 사고하는 것은 뇌의 유연성을 유지하는 데 도움이 된다.

大脑喜欢思考问题，经常思考能帮助大脑保持灵活。

3 식물 종자의 수명은 다른데, 일반적으로 15년 이상의 생명력을 유지하는 것은 장수 종자라고 할 수 있다.

植物种子的寿命长短不一，一般来说，能够维持15年以上生命力的，就算是长寿的种子。

4 속담 '작심삼일'은 한 사람이 좋아하는 사람이나 사물에 대해 유한하고 짧은 열정만 유지할 수 있다는 것을 말한다.

俗语"三分钟热度"是指一个人对喜欢的人或事物只能保持有限的、短暂的热情。

단어

仅仅 jǐnjǐn 부 단지, 오로지 ｜ **突破** tūpò 동 돌파하다, 타파하다 ｜ **植物** zhíwù 명 식물 ｜ **寿命** shòumìng 명 수명 ｜ **有限** yǒuxiàn 형 유한하다 ｜ **短暂** duǎnzàn 형 (시간이) 짧다

174 중국어 필수 유의어 비교 50

17

증가하다

增加 vs 增长

① 良好的广告宣传活动能 增加 / 增长 我们的销售量。
좋은 광고 홍보 할동은 판매량을 증가시킬 수 있다.

② 恶劣的天气给我们的旅行 增加 / 增长 了更多的困难。
궂은 날씨는 우리의 여행에 더 많은 어려움을 더해주었다.

③ 40岁这年，他决定用8年的时间周游四方，以 增加 / 增长 见闻。
40살이던 해에 그는 식견을 넓히기 위해 8년의 시간을 들여 여러 곳으로 여행을 다니기로 결정했다.

④ 人口 增加 / 增长 对经济发展会产生影响。
인구의 증가는 경제발전에 영향을 미친다.

增加
zēngjiā

❶ [동사] 이미 있던 기초 위에 다시 보충하다. ▶ 수량의 증가를 강조

· 这次的会议场地比上次的大好几倍，光服务员就增加了50人。

이번 회의장은 지난번보다 몇 배나 커서 종업원만 50명이 늘었다.

· 为了解决上下班时间打车比较难的问题，除了增加出租车的数量外，我们也在研究其他解决方法。

출퇴근 시간에 택시 잡기 어려운 문제를 해결하기 위해, 택시의 수량을 증가시키는 것 외에도 우리는 다른 해결 방법을 연구하고 있다.

增加 + | 人员 인원, 工资 임금, 品种 품종, 风险 위험, 美感 아름다움, 消费 소비, 力量 힘, 信心 자신감, 困难 어려움

增加 增长 공통점

❶ [동사] 증가하다.

· 农民收入比去年增加/增长了10%。

농민의 수입은 작년 대비 10% 증가했다.

· 随着年龄的增加/增长，记忆力越来越差。

연령의 증가에 따라 기억력은 점점 나빠진다.

 단어

风险 fēngxiǎn 명 위험

增长
zēngzhǎng

❶ [동사] 증가하다, 신장시키다. ▶ 규모가 커지고 발전하는 것을 강조

· 今年的工业生产总值比去年增长了30%。
올해 공업 생산 총액은 작년보다 30% 증가했다.

· 多读书有利于扩大见闻, 增长知识。
책을 많이 읽는 것은 식견을 넓히고 지식을 쌓는 데 도움이 된다.

 增长 **＋** 见识 견문, 见闻 견문, 知识 지식, 才干 능력, 速度 속도

总值 zǒngzhí 명 총액 ┃ 有利于 yǒulìyú ~에 이롭다 ┃ 扩大 kuòdà 동 확대하다 ┃ 见闻 jiànwén 명
견문 ┃ 速度 sùdù 명 속도

1

최근 몇 년간 중국 경제는 고속 성장 추세를 유지하였다.

近年来，中国经济保持了高速增长的势头。

2

슈퍼의 구매 상담원의 수가 일정량을 넘어섰는데도 그 수를 증가시키면, 판매량은 오히려 감소하게 된다.

超市里的导购员超过一定数量后再增加导购员的话，销售额反而会下降。

3

이 식당은 새로운 메뉴를 추가하는 데 많은 노력을 기울였지만, 대다수의 손님들은 간단하면서도 실속 있는 음식을 더 원했다.

这家饭店虽然花了很大力气增加新的菜品，但大多数客人更想要的是一顿简单而实惠的饭菜。

4

만약 문과 창문을 꼭 닫고 3시간 동안 나가지 않는다면, 실내의 이산화탄소량은 3배 증가하고 유해물질 역시 배로 증가한다.

如果门窗紧闭，不出三小时，室内的二氧化碳量就会增加三倍，有害物质也会成倍增长。

🔍 **단어**

势头 shìtóu 명 형세, 추세 ｜ **导购员** dǎogòuyuán 명 구매 상담원, 판매원 ｜ **反而** fǎn'ér 부 반대로, 도리어 ｜ **下降** xiàjiàng 동 떨어지다 ｜ **实惠** shíhuì 형 실속 있다, 실용적이다 ｜ **紧闭** jǐnbì 동 꼭 닫다 ｜ **二氧化碳** èryǎnghuàtàn 명 이산화탄소 ｜ **有害物质** yǒuhài wùzhì 유해물질 ｜ **成倍** chéngbèi 동 배가 되다

완벽하다

完善 vs 完美

① 无论从哪个方面来看这项计划都不 完善 / 完美 。
어떤 방면에서 봐도 이 기획은 완벽하지 않다.

② 世界上没有绝对 完善 / 完美 的作品。
세상에는 절대적으로 완벽한 작품은 없다.

③ 完善 / 完美 公司的管理制度，对于公司的发展有重大的意义。
회사의 관리 제도를 완벽하게 하는 것은 회사 발전에 있어 중대한 의미를 갖는다.

④ 这幅画可谓是传统画法与现代技术的 完善 / 完美 结合。
이 그림은 전통화법과 현대 기술의 완벽한 결합이라 할 수 있다.

完善
wánshàn

❶ [형용사] 나무랄 데 없이 완벽하다, 부족한 것이 없다.

· 那个城市的基础设施还不够完善。
  그 도시의 인프라는 아직 완전하지 않다.

· 这家图书馆的各项功能十分完善。
  이 도서관의 각종 기능은 매우 완벽하다.

设备 설비, 制度 제도, 计划 계획, 办法 방법, 措施 조치, 组织
机构 조직기구

＋ 完善

---

❷ [동사] ~을 완벽하게 하다.

· 每个人都要不断地完善自己。
  모든 사람은 끊임없이 자신을 완성시켜야 한다.

· 这也坚定了他的团队继续完善软件的决心。
  이것은 그의 팀원들이 계속해서 프로그램을 완벽하게 만들겠다는 결심을 굳건
  하게 해주었다.

단어

基础设施 jīchǔ shèshī **명** 인프라 ｜ **设备** shèbèi **명** 설비, 시설 ｜ **措施** cuòshī **명** 조치, 대책 ｜ **组织**
机构 zǔzhī jīgòu **명** 조직기구 ｜ **坚定** jiāndìng **동** 확고히 하다, 굳건하게 하다 ｜ **团队** tuánduì **명** 단체,
팀 ｜ **软件** ruǎnjiàn **명** 소프트웨어, 프로그램

完美
wánměi

❶ [형용사] 완비되어 훌륭하고 결점이 없다.

· 用户通过图片处理软件可以对图片进行美化、使图片变得更完美。
사용자들은 사진처리 앱을 통해 사진에 포토샵을 하여, 사진을 더욱 예쁘게 만들 수 있다.

· 明式家具比宋、元家具更加完美，成为世界闻名的工艺品。
명나라풍의 가구는 송나라, 원나라 가구보다 더욱 완벽하여 세계적으로 유명한 공예품이 되었다.

追求 추구하다 ＋ 完美

完美 ＋ 无缺 무결하다

完美的 ＋ 结局 결말, 形式 형식, 内容 내용, 文章 글, 家庭 가정, 婚姻 결혼, 表演 공연, 形象 형상, 이미지, 包装 포장

美化 měihuà 동 미화하다 ｜ 家具 jiājù 명 가구 ｜ 宋 Sòng 명 송나라 ｜ 元 Yuán 명 원나라 ｜ 闻名 wénmíng 형 유명하다 ｜ 追求 zhuīqiú 동 추구하다 ｜ 完美无缺 wánměi wúquē 성 완전무결하다 ｜ 结局 jiéjú 명 결말 ｜ 包装 bāozhuāng 명 포장

1

아파트 단지의 헬스 시설이 점차 완벽하게 갖춰지고 있다.

小区正在逐步完善健身设施。

2

신제품을 다시 연구 개발하려면 더 많은 자금을 투입해야 하므로, 우선 기존 제품을 보완하기를 제안합니다.

重新研发新产品要投入更多资金，我建议先完善现有产品吧。

3

폐기물로 여겨지던 것들이 결국 완벽한 예술품으로 조화를 이루었다.

原本被视为废弃物的东西最终却组合成完美的艺术品。

4

'선택장애'가 생기는 원인은 대략 3가지가 있는데, 하나는 과도하게 완벽을 추구하는 것이다.

"选择困难症"的形成原因大致有三个方面，一是过于追求完美。

🔍**단어**

小区 xiǎoqū **명** 단지 ｜ **逐步** zhúbù **부** 점차, 점점 ｜ **投入** tóurù **동** 투입하다 ｜ **被视为** bèi shìwéi ~으로 여겨지다 ｜ **废弃** fèiqì **동** 폐기하다 ｜ **组合** zǔhé **동** 조합하다 ｜ **形成** xíngchéng **동** 형성하다 ｜ **大致** dàzhì **부** 대략 ｜ **过于** guòyú **부** 지나치게

조용하다 VS 평온하다 VS 냉정하다

安静 VS 平静 VS 冷静

① 他过着十分 安静 / 平静 / 冷静 的生活。

그는 굉장히 평온한 생활을 보내고 있다.

② 请不要大声说话，病人需要 安静 / 平静 / 冷静 。

큰 소리로 말하지 마세요. 환자는 안정이 필요해요.

③ 姐姐的性格跟我完全相反，非常 安静 / 平静 / 冷静 ，极少说话。

언니의 성격은 나와는 정반대로, 매우 조용하고 말수가 무척 적다.

④ 遇到问题时，我们应该 安静 / 平静 / 冷静 下来，想想问题出在哪儿。

문제에 부딪혔을 때, 우리는 침착하게 문제가 어디에서 나왔는지 생각해야 한다.

安静
ānjìng

❶ [형용사] '조용하다'라는 의미로, 소리가 없는 것 혹은 성격이 조용한 것을 가리킨다.

- 她性格安静，不爱说话。
  그녀는 성격이 조용하고 말하는 것을 좋아하지 않는다.

- 当别人讲话时，你应该安静地听着，这是对他人应有的 礼貌。
  다른 사람이 말을 할 때 조용히 들어야 해. 이것은 타인에 대해 갖추어야 할 예의야.

安静的 ＋ 夜晚 저녁, 地方 장소, 环境 환경, 生活 생활, 孩子 아이

平静
píngjìng

❶ [형용사] '평온하다'라는 의미로, 마음·환경·형세가 불안하지 않고 변화·동요가 없는 것을 가리킨다.

- 回到家后，他的心情才慢慢平静下来。
  집에 오고 난 뒤에야 그의 마음은 서서히 안정되었다.

- 心理学家发现，草绿色可以使人平静，有助于消除疲劳。
  심리학자는 초록색이 사람을 평온하게 하고 피로 해소에 도움이 된다는 것을 발견하였다.

心情 기분, 态度 태도, 环境 환경, 情况 상황, 水面 수면, 呼吸 호흡   ＋ 平静

礼貌 lǐmào 명 예의 ｜ 消除 xiāochú 동 없애다, 해소하다 ｜ 疲劳 píláo 명 피로 ｜ 呼吸 hūxī 명 호흡

冷静
lěngjìng

❶ [형용사] '냉정하다, 침착하다'라는 의미로, 흥분하지 않고 침착한 것을 가리킨다.

· 小张最大的优点就是冷静。无论遇到什么事，他都不急不乱。
  샤오장의 가장 큰 장점은 침착하다는 것이다. 어떤 일에 부딪히든 그는 조급해하지도 당황해하지도 않는다.

· 要成为一名合格的律师，首先要有较好的法律基础知识，其次遇事要冷静。
  자격을 갖춘 변호사가 되려면 먼저 법률 기초지식이 있어야 하고, 그 다음은 일이 생겼을 때 냉정해야 한다.

保持 유지하다, 失去 잃어버리다

 头脑 두뇌, 思维 사고, 心理 심리, 态度 태도, 言谈 말, 性格 성격

 分析 분석하다, 对待 대하다, 应对 대응하다

法律 fǎlǜ 명 법률 | **失去** shīqù 동 잃다 | **思维** sīwéi 명 사유, 사고 | **言谈** yántán 명 언담, 말 |
对待 duìdài 동 다루다, 대응하다 | **应对** yìngduì 동 대응하다

1 우리는 모든 것을 침착하게(냉정하게) 대해야 한다.

我们应该保持一种冷静的态度看待一切。

2 부모는 아이에게 공연이 시작된 후에는 반드시 조용히 해야 하며, 마음대로 돌아다녀서는 안 된다고 알려줘야 한다.

家长应提醒孩子，演出开始后一定要安静，不要随便走动。

3 이 영화를 보고 나서 나의 마음은 오랫동안 진정되지 않았다.

看完这部电影，我的心情久久不能平静。

4 여행 중에는 다양한 문제가 발생할 수 있으니, 가이드는 반드시 침착하게 문제를 해결해야 한다.

旅行中会出现各种各样的问题，导游必须能够冷静地解决问题。

단어

看待 kàndài 동 대하다, 다루다 | **一切** yíqiè 명 모든 것 | **提醒** tíxǐng 동 일깨우다 | **随便** suíbiàn 부 마음대로 | **激动** jīdòng 형 감격하다, 흥분하다

시기

时期 vs 时光 vs 时代

 실력 체크

① 唐代是中国古典诗歌发展的全盛 时期 / 时光 / 时代 。
당나라는 중국 고전 시가 발전의 전성기였다.

② 宋应星和沈括是同 时期 / 时光 / 时代 的人。
송응성과 심괄은 동시대 사람이다.

③ 他们确实一起度过了非常快乐的 时期 / 时光 / 时代 。
그들은 정말로 굉장히 즐거운 시간을 함께 보냈다.

④ 我现在在楼房里住了十多年，却开始怀念起儿童 时期 / 时光 /
时代 住在平房里的生活。
나는 현재 아파트에서 산 지 10여 년이 되었지만, 어린 시절 살았던 단층집 생활이 그
리워지기 시작했다.

时期
shíqī

❶ [명사] 시기, 특정한 때(a particular period).

· 人在不同时期、不同情况下会遇到很多不同类型的朋友。
  사람은 다른 시기, 다른 상황에서 다른 유형의 친구를 만나게 된다.

· 凡是青年时期经历过失败的人都很幸运，因为可以学到如
  何才能坚强。
  무릇 청소년 시기에 실패를 겪은 사람은 모두 운이 좋다고 할 수 있다. 왜냐하
  면 어떻게 하면 강해지는지 배울 수 있기 때문이다.

童年 아동, 青少年 청소년, 老年 노년, 改革开放 개혁개방 ┊ ＋ 时期

时光
shíguāng

❶ [명사] 시절, (과거의 좋은) 때(time).

· 时光一去永不回，应好好珍惜。
  시간은 한 번 가면 영원히 돌아오지 않으니 소중히 해야 한다.

· 我忘不了那段幸福的时光。
  나는 그 행복했던 시절을 잊을 수 없다.

难忘的 잊을 수 없는, 快乐的 즐거운, 美好的 아름다운, 童年
어린 ┊ ＋ 时光

단어

类型 lèixíng 명 유형 ｜ **凡是** fánshì 부 대체로, 무릇 ｜ **幸运** xìngyùn 형 행운이다 ｜ **如何** rúhé 대 어
떻게 ｜ **坚强** jiānqiáng 형 강인하다, 굳세다 ｜ **改革开放** gǎigé kāifàng 개혁개방 ｜ **珍惜** zhēnxī 동
아끼다, 소중히 여기다

时代
shídài

❶ [명사] (역사상 경제 · 정치 · 문화 등에 의거해 나눈) 시기, 시대 (age, era, epoch).

· 街道两边的建筑现在仍保留着清明时代的风格。
거리 양쪽의 건축물은 지금도 청명시대의 스타일을 간직하고 있다.

· 在知识经济时代，随手可得的信息已成为一种负担和压力。
지식 경제 시대에 손만 뻗으면 얻을 수 있는 정보는 이미 하나의 부담과 스트레스가 되어버렸다.

信息 정보, 互联网 인터넷, 新石器 신석기

保留 bǎoliú 통 보존하다, 남겨 두다 ┃ 风格 fēnggé 명 스타일 ┃ 负担 fùdān 명 부담 ┃ 压力 yālì 명 스트레스 ┃ 互联网 hùliánwǎng 명 인터넷 ┃ 新石器 xīnshíqì 명 신석기

1 요즘 같은 시대에 하나의 상품이 실용적 가치만 갖고 있는 것은 턱없이 부족하다.

在当今时代，一件产品仅有实用价值是远远不够的。

2 우리가 함께 보냈던 시절은 이미 아주 오래된 기억이 되어버렸다.

我们一起度过的时光现已成为久远的记忆。

3 겨울은 황산의 경치를 감상하기에 가장 좋은 시기이다.

冬天是黄山赏景的最佳时期。

4 성장 과정에서 모든 사람들은 '사춘기'를 겪는데, 이 시기의 중요한 특징 중 하나는 부모의 의견을 받아들이길 거부한다는 것이다.

成长过程中，每个人都会经历一段"叛逆期"，这一时期的主要特征之一就是拒绝接受父母的意见。

단어

度过 dùguò 동 보내다, 지내다 ┃ **记忆** jìyì 명 기억 ┃ **赏景** shǎngjǐng 동 경치를 구경하다 ┃ **叛逆期** pànnìqī 사춘기 ┃ **特征** tèzhēng 명 특징

엄하다

严格 vs 严肃 vs 严厉

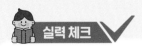
실력 체크

1 教我开车的老师真 严格 / 严肃 / 严厉！马虎一点儿都不行。
나에게 운전을 가르쳐 주는 선생님은 너무 엄격해! 조금만 부주의해도 안 돼.

2 张教授很有学问，虽然看着很 严格 / 严肃 / 严厉，但其实对
人很亲切。
장 교수님은 학식이 풍부하다. 비록 매우 엄격해 보이지만 실은 친절하다.

3 妈妈对女儿要求十分 严格 / 严肃 / 严厉，希望女儿考试次次
拿第一。
어머니는 딸에 대한 요구가 매우 엄격해서, 딸이 시험에서 매번 1등 하기를 바란다.

4 上司 严格 / 严肃 / 严厉 斥责了他的违规行为。
상사는 그가 규정을 어긴 것에 대해 호되게 질책했다.

严格
yángé

❶ [형용사] 제도를 집행하거나 기준을 관리할 때 요구가 엄격하다.

▶ 어떤 기준을 쉽게 바꾸지 않고 진지하게 대함

- 他其实只是在工作上要求非常严格，平时对大家很友好。

  그는 사실 업무적인 요구에 대해서만 엄격하지, 평소에는 사람들에게 우호적이다.

- 严格按照计划做事是有效管理时间的第一步。

  엄격하게 계획에 따라 일을 하는 것은 시간을 효과적으로 관리하는 첫걸음이다.

制度 제도, 要求 요구, 标准 기준	+ 严格

严格 +	遵守 준수하다, 执行 집행하다, 要求 요구하다, 控制 제어하다, 检查 검사하다

❷ [동사] 엄격하게 하다.

- 我们要严格各项财务制度，不让任何人钻空子。

  우리는 재무제도를 엄격하게 하여, 누구도 허점을 이용하지 못하도록 할 것입니다.

 严肃 严厉 공통점

❶ [형용사] 모두 '표정·태도 등이 온화하지 않고 매섭다'라는 의미를 가진다. 단, '严厉'가 '严肃'보다 엄숙한 정도가 심하다.

- 他一改平时严肃/严厉的态度，变得十分温和。

  그는 평소의 엄격한 태도를 고쳐, 매우 온화해졌다.

 단어

友好 yǒuhǎo 형 우호적이다 | 有效 yǒuxiào 형 효과적이다 | 标准 biāozhǔn 명 기준 | 遵守 zūnshǒu 동 지키다, 준수하다 | 执行 zhíxíng 동 집행하다, 진행하다 | 控制 kòngzhì 동 제어하다, 통제하다 | 财务 cáiwù 명 재무, 재정 | 钻空子 zuān kòngzi 기회를 틈타다, 약점을 노리다

严肃
yánsù

❶ [형용사] 표정·분위기가 엄숙하다.

· 会场气氛十分严肃。 회의장의 분위기가 매우 엄숙하다.

· 听到爷爷病重的消息，爸爸表情很严肃，一句话也不说。
할아버지가 위중하다는 소식을 듣고, 아버지는 엄숙한 표정으로 한 마디로 하지 않았다.

表情 표정, 气氛 분위기, 办事 일 처리

 查处 조사하고 처리하다, 指出 지적하다

❷ [동사] 규율·법률 등을 엄격하게 하다.

· 我们一定要严肃课堂纪律。
우리는 반드시 교실의 규율을 엄격히 지켜야 한다.

严厉
yánlì

❶ [형용사] 태도·말투가 온화하지 않고 매섭다.

· 爸爸非常严厉地批评了我一顿。
아버지는 매우 매섭게 나를 꾸짖었다.

· 国家常严厉打击各种形式的违法犯罪行为。
국가는 항상 각종 형식의 위법 범죄 행위를 엄중히 단속한다.

表情 표정, 态度 태도, 声音 목소리, 目光 눈빛, 口气 말투

严厉 + 批评 꾸짖다, 비평하다, 惩罚 벌하다

气氛 qìfēn 명 분위기 | 纪律 jìlǜ 명 규율 | 批评 pīpíng 동 꾸짖다, 비평하다 | 打击 dǎjī 동 공격하다 | 违法 wéifǎ 동 법을 어기다 | 犯罪 fànzuì 명 범죄 | 惩罚 chéngfá 동 벌하다

1 팀장님은 이 일의 위해성에 대해 엄격하게 지적했다.

经理严肃地指出了这件事情的危害性。

2 그는 자주 무단결석을 해서 선생님께 호되게 꾸지람을 들었다.

他经常逃课，受到老师的严厉批评。

3 많은 부모들은 자녀에 대한 요구가 무척 엄격한데, 특히 학습 면에서 그러하다. 그러나 그 효과는 종종 좋지 않다.

许多家长对子女要求都非常严格，尤其是在学习上，但其效果往往并不好。

4 법관은 순간 정색하며 물어보았다: "당신이 그와 거기에 가지 않았다고 했는데, 어떻게 길이 하나 더 있다는 것을 아는 거죠?"

法官顿时变得严肃/严厉起来，问道："既然你没跟他去过那儿，怎么知道还有一段路？"

 단어

危害性 wēihàixìng 명 위해성 | **逃课** táokè 동 무단결석하다 | **顿时** dùnshí 부 갑자기, 바로 | **既然** jìrán 접 ~한 바에, ~한 이상

건립하다 vs 건설하다 vs 건축하다

建立 vs 建设 vs 建造

실력 체크 ✓

1 近年来一些城市开始 建立 / 建设 / 建造 停车管理信息系统，整合城市车位资源。

최근 일부 도시에서 주차관리 정보시스템을 만들어 도시의 주차 자원을 통폐합시키고 있다.

2 近几年来我们国家非常重视经济 建立 / 建设 / 建造

최근 몇 년간 우리나라는 경제 건설을 매우 중요시하고 있다.

3 社会企业家肩负着企业责任与社会责任，为 建立 / 建设 / 建造 一个更好的社会而努力。

사회 기업가는 기업의 책임과 사회의 책임을 짊어지고 더 나은 사회를 건설하기 위해 노력한다.

4 推广住宅产业化，要从 " 建立 / 建设 / 建造 " 房子转向 " 制造 " 房子。

주택 산업화를 확대하려면 집을 '짓는 것'에서 '제조하는 것'으로 전환시켜야 한다.

建立
jiànlì

❶ [동사] 조직 · 기관 등을 세우다(establish).

· 罗马人在这河岸上建立了一座大城市。
  로마인은 이 강기슭에 큰 도시를 세웠다.

· 改革开放以来，中国建立了许多工厂。
  개혁개방 이후 중국은 많은 공장을 세웠다.

建立 ＋ 　国家 국가, 城市 도시, 机构 기구, 组织 조직

❷ [동사] 관계 · 제도 등을 세우다.

· 友谊往往是建立在相互欣赏基础之上的。
  우정은 종종 서로 좋아하는 기초 상에서 만들어진다.

· 幸福婚姻是建立在信任的基础之上的。
  행복한 결혼은 믿음의 기초 상에서 만들어진다.

建立 ＋ 　友谊 우정, 关系 관계, 系统 시스템, 制度 제도, 感情 감정

罗马 Luómǎ 명 로마 | **河岸** hé'àn 명 강변, 강가 | **欣赏** xīnshǎng 동 마음에 들다

建设
jiànshè

❶ [명사/동사] 건설(하다), 새로운 시설을 늘리거나 새로운 사업을 창립하다(construct). ▶ +추상적인 사물, 대형 시설

· 我们不仅要重视物质文明建设，也要重视精神文明建设。
우리는 물질문명 건설뿐만 아니라 정신문명 건설도 중요시해야 한다.

· 这几年不少企业过来投资，建设了很多高楼。
최근 적지 않은 기업들이 투자를 하고 많은 빌딩을 건설하였다.

建设 ＋　国家 국가, 城市 도시, 法制 법 제도, 精神文明 정신문명, 计划
계획, 大纲 요강

建造
jiànzào

❶ [동사] '건조하다, 시공하다(build)'라는 의미로, 토목공사나 기계·조선·비행기를 만드는 것에도 사용한다.

· 这里将要建造一座新的体育馆。
이곳에는 새로운 체육관이 세워질 것이다.

· 为了建造这座大桥，一共花了三年多的时间。
이 다리를 건설하기 위해 총 3여 년의 시간이 걸렸다.

建造 ＋　房屋 집, 广场 광장, 设备 설비, 船舶 선박

精神 jīngshén 명 정신 ｜ 投资 tóuzī 동 투자하다 ｜ 大纲 dàgāng 명 대강, 요강 ｜ 房屋 fángwū 명
집, 주택 ｜ 船舶 chuánbó 명 배, 선박

1 이 빌딩은 원래 건축물의 옛 터에 다시 지은 것이다.

这座大楼是在原来建筑物的旧址上重新建造的。

2 국가 경제를 건설해야지만 국민들은 부유해지고 국가는 강성해질 수 있다.

只有把国家经济建设起来，才会做到富国强民。

3 성인의 지식과 경험은 비교적 풍부하여, 이미 있는 지식을 토대로 쉽게 평등한 관계를 만든다.

成年人的知识和经验比较丰富，容易在已有知识的基础上，建立平等的关系。

4 능력은 정교하게 배우고 철저하게 배운 기초 위에 만들어진 것이지, 이것도 조금 배우고 저것도 조금 배우는 것이 아니다.

本领是建立在学得精、学得透的基础上的，而不是这也学一点儿那也学一点儿。

旧址 jiùzhǐ **명** 옛 터 | **本领** běnlǐng **명** 기량, 능력

격렬하다 vs 열렬하다 vs 강렬하다

激烈 vs 热烈 vs 强烈

실력 체크

❶ 今天的讨论会太成功了，大家都积极发言，激烈 / 热烈 / 强烈 讨论，整个现场气氛十分活跃。
오늘 토론회는 매우 성공적이었다. 모두 적극적으로 발언하고 열렬하게 토론해서, 현장 전체 분위기가 매우 활기차다.

❷ 两家汽车公司之间的竞争十分 激烈 / 热烈 / 强烈 。
두 자동차 회사 간의 경쟁은 무척 치열하다.

❸ 赤道地区，尽管阳光的照射很 激烈 / 热烈 / 强烈 ，但白天气温很少超过35℃。
적도 지역은 햇빛이 강하게 내리쬐지만, 낮 기온이 35℃를 넘는 경우는 드물다.

❹ 他的开场白引来了全场 激烈 / 热烈 / 强烈 的掌声。
그의 개막사는 전 관중의 열렬한 박수를 이끌어 냈다.

199

激烈
jīliè

❶ [형용사] 격렬하다. ▶ 언어·동작·행위 등의 다툼이 심함

· 游泳、慢跑等运动都不怎么激烈，但对身体健康很有帮助。
  수영, 만보 등의 운동은 그다지 격렬하지 않지만 신체 건강에 도움이 된다.

· 在电视台工作，待遇和工作环境都挺不错的，但竞争特别激烈。
  방송국에서 근무하는 것은 대우와 업무환경이 모두 좋지만 경쟁이 무척 치열하다.

运动 운동, 辩论 변론, 斗争 투쟁, 争论 논쟁, 竞争 경쟁, 言辞 언사 ＋ 激烈

热烈
rèliè

❶ [형용사] 열렬하다. ▶ 태도·분위기가 흥분되고 격양된 상태

· 正当同学们热烈讨论的时候，老师进来了。
  마침 친구들이 열렬하게 토론하고 있을 때 선생님이 들어오셨다.

· 我们向他们的访问表示热烈的欢迎。
  우리는 그들의 방문에 열렬한 환영을 표했다.

 热烈 ＋ 欢迎 환영하다, 欢送 환송하다, 鼓掌 박수치다, 称赞 칭찬하다, 祝贺 축하하다, 庆祝 축하하다, 发言 발언하다, 握手 악수하다, 拥抱 포옹하다

气氛 분위기 ＋ 热烈

🔍 단어

竞争 jìngzhēng 명 경쟁 | 辩论 biànlùn 명 변론, 논쟁 | 斗争 dòuzhēng 명 투쟁 | 争论 zhēnglùn 명 논쟁 | 言辞 yáncí 명 언사, 말 | 鼓掌 gǔzhǎng 동 박수치다 | 庆祝 qìngzhù 동 축하하다 | 握手 wòshǒu 동 악수하다 | 拥抱 yōngbào 동 포옹하다, 껴안다

强烈
qiángliè

❶ [형용사] 힘 · 정도가 매우 강렬하다.

· 这个决定遭到一些人的强烈反对。
이 결정은 일부 사람들의 강한 반대에 부딪혔다.

· 面试时，回答声音小的话会显得你的求职愿望不够强烈。
면접 때 대답하는 소리가 작다면, 구직에 대한 당신의 열망이 그다지 강렬하지 않다는 것으로 보일 수 있다.

 反对 반대하다, 要求 요구하다, 抗议 항의하다, 反映 반영하다, 谴责 꾸짖다, 질책하다

 愿望 바람, 欲望 욕망, 色彩 색채, 呼声 고함소리, 印象 인상, 台风 태풍, 地震 지진, 民族感情 민족 감정, 时代精神 시대 정신

---

❷ [형용사] 정도가 높다, 선명하다.

· 写作是宣泄强烈感情的好方法。
글쓰기는 강렬한 감정을 표출하는 좋은 방법이다.

· 强烈的色彩对比会使画面产生什么效果？
선명한 색채 대비는 화면에 어떤 효과를 일으킬까?

遭到 zāodào 동 만나다, 부닥치다 | 显得 xiǎnde 동 ~처럼 보이다 | 抗议 kàngyì 동 항의하다 | 谴责 qiǎnzé 동 꾸짖다, 질책하다 | 欲望 yùwàng 명 욕망 | 呼声 hūshēng 명 고함소리 | 宣泄 xuānxiè 동 울분을 털어놓다

1 모두가 듣고 나서 열렬한 환호성을 보냈다.
大家听了，发出一片热烈的欢呼声。

2 그는 자신의 업무에 대해 강한 책임감을 가지고 있다.
他对自己的工作有强烈的责任心。

3 우리는 치열한 경쟁에 있어, 자신의 실력을 부단히 향상시켜야 한다.
我们面对激烈的竞争，应该不断提高自己的水平。

4 저녁에 불을 켜고 자거나 낮에 강렬한 햇빛이 있는 곳에서 잠을 자면, 일종의 '빛 스트레스'를 받게 된다.
夜间开灯睡觉，或白天在强烈的阳光下睡觉，都会使人产生一种 "光压力"。

단어

责任心 zérènxīn 명 책임감

규정, 규칙

规定 vs 规则 vs 规律

실력 체크 ✓

❶ 生命在于运动，有 规定 / 规则 / 规律 的运动对于身体健康大
有好处。
생명은 운동에 달려 있다. 규칙적인 운동은 신체 건강에 매우 유익하다.

❷ 你这样做会违反博物馆的 规定 / 规则 / 规律 。
너 이렇게 하는 것은 박물관 규정에 위배되는 거야.

❸ 为了你和家人的幸福，请遵守交通 规定 / 规则 / 规律 。
당신과 가족의 행복을 위해 교통규칙을 준수해 주세요.

❹ 怎样处分考试作弊行为，学校有明确的 规定 / 规则 / 规律 。
시험 부정 행위를 어떻게 처분해야 하는지, 학교에는 명확한 규정이 있다.

规定
guīdìng

❶ [명사] 이미 결정된 어떤 일에 대해 반드시 준수해야 하는 규칙.

▶ 수량 · 시간 · 방식 · 기한 등

· 图书馆借书有了新规定，所有学生一次借书，不能超过
五本。

도서관에서 책을 빌리는 것과 관련하여 새로운 규정이 생겼는데, 모든 학생은 매번 책을 빌릴 때 5권을 초과해서는 안 된다.

· 这么做完全符合国家的法律规定。

이렇게 하는 것은 국가의 법률 규정에 완전히 부합한다.

| 有 있다, 遵守 준수하다, 违反 위반하다 | + 规定 |

| 学校 학교, 工厂 공장 | + 的规定 |

---

❷ [동사] 어떤 일에 대한 방식이나 수량 등을 정하다, 규정하다.

· 我们公司规定，上班要穿正式的衣服。

우리 회사는 출근할 때 정장을 입도록 규정하고 있다.

· 下星期一前交作业，这是老师规定的时间。

다음주 월요일 전에 숙제를 제출해야 하는데, 이것은 선생님이 정한 것이다.

 规定 +　时间 시간, 价格 가격, 期限 기한, 工作量 업무량, 生产定额
생산 기준량, 名额 정원, 인원수

规定的 +　地点 장소, 标准 기준, 日期 날짜, 价格 가격

 단어

符合 fúhé 동 맞다, 부합하다 | **期限** qīxiàn 명 기한 | **名额** míng'é 명 정원, 인원수

规则
guīzé

❶ [명사] 규정에서 모두에게 제공한 공통적으로 지켜야 할 조례 · 제도. ▶ 인위적

· 开车要遵守交通规则。 운전할 때는 교통규칙을 준수해야 한다.

· 首先我要说明 下比赛规则。
먼저 제가 시합 규칙을 설명하겠습니다.

比赛 시합, 游戏 게임, 交通 교통, 会议 회의, 使用 사용, 管理 관리, 卫生 위생

❷ [형용사] 형상 · 구조 등의 방면에서 가지런하다, 규칙적이다.

· 这张画画得不规则。 이 그림은 불규칙하게 그렸다.

· 图书馆的藏书排列十分规则，查起来很方便。
도서관의 장서 배열은 매우 규칙적이어서 찾기 편리하다.

规律
guīlǜ

❶ [명사] 사물의 발전 추세를 정하는, 객관적으로 이미 존재하는 법칙.

· 太阳从东边升起，从西边落下，这是自然规律。
해가 동쪽에서 뜨고 서쪽으로 지는 것은 자연의 법칙이다.

· 近年来市场的物价变化很大，但还是能看出有一定的规律。
최근 시장의 물가 변화가 크지만, 그래도 일정한 법칙이 있다는 것을 알 수 있다.

自然 자연, 客观 객관적, 发展 발전, 历史 역사, 科学的 과학적 + 规律

❷ [명사] 규칙. ▶ 정해진 시간에 정해진 일을 함

· 睡前躺在床上看书，是他以前的生活规律。
자기 전 침대에 누워서 책을 보는 것은 그의 이전 생활 규칙이었다.

· 她每天六点钟准时起床，生活很有规律。
그녀는 매일 6시 정각에 일어나며, 생활이 규칙적이다.

❸ [형용사] 규칙적이다.

· 最近他工作太忙了，所以吃饭、睡觉都很不规律。
그는 요즘 일이 너무 바빠서, 식사와 수면이 모두 불규칙하다.

卫生 wèishēng 명 위생 | 藏书 cángshū 통 책을 소장하다 | 升起 shēngqǐ 통 떠오르다

1 탁구 시합 규칙이 최근에 또 바뀌었다.

乒乓球比赛规则最近又有了变化。

2 학교 규정에 따라, 올해 1월 7일에 겨울방학을 한다.

按照学校的规定，今年一月七号放寒假。

3 그가 활용하는 이 법칙은 경제학에서 '완전 경쟁'이라고 부른다.

他所运用的这种规律，在经济学上叫"完全竞争"。

4 '날이 저물면 자는 것'은 인류가 장기간 환경에 적응하는 과정에서 자연적으로 형성된 생활규칙이다.

"天黑睡觉"是人类在长期适应环境的过程中自然形成的生活规律。

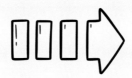

연속하다 vs 지속하다 vs 계속하다 vs 잇따라

连续 vs 持续 vs 继续 vs 陆续

실력 체크

❶ 邀请的嘉宾已 连续 / 持续 / 继续 / 陆续 到达报告厅。
초대받은 손님들이 이미 잇따라 세미나실에 도착하였다.

❷ 你如果想 连续 / 持续 / 继续 / 陆续 使用杀毒软件，就得付
费了。
만약 계속해서 백신 프로그램을 사용하고 싶다면 돈을 지불해야 한다.

❸ 连续 / 持续 / 继续 / 陆续 灌进我们耳中的不满的声音，会让
我们开始产生消极的想法。
지속적으로 우리 귀에 불만의 소리가 쏟아진다면, 부정적인 생각이 생길 것이다.

❹ 情绪低落时，很多人容易疯狂追剧，常常是一连几个小时甚至
几天 连续 / 持续 / 继续 / 陆续 观看自己喜爱的电视剧。
기분이 우울할 때 많은 사람들은 미친 듯이 드라마를 보는데, 종종 연달아 몇 시간, 심
지어는 며칠 동안 연속으로 자신이 좋아하는 드라마를 시청한다.

连续
liánxù

❶ [동사] '연속하다'라는 의미로, 어떤 동작·현상이 이어지는 것을 말한다(一次接一次). 보통 시간이나 수량사와 함께 쓰이며, 동사이지만 부사 용법으로도 많이 사용한다.

· 这里已经连续下了五天雨。
이곳은 이미 연속해서 5일간 비가 내렸다.

· 他连续三届获得全国乒乓球比赛的冠军。
그는 3회 연속으로 전국 탁구 시합에서 우승을 차지했다.

持续
chíxù

❶ [동사] '지속하다'라는 의미로, 어떤 현상·상태가 계속 끊이지 않고 이어지는 것을 말한다(没有中断). 동사이지만 뒤에 목적어를 사용할 수 없다.

· 大雨持续了两天两夜，直到今天下午才放晴。
호우가 이틀 밤낮으로 지속되다 오늘 오후가 되어서야 맑아졌다.

· 他最近一到夜里就发烧，已经持续好几天了。
그는 요즘 밤만 되면 열이 나는데, 벌써 며칠째 계속되고 있다.

届 jiè **양** ~회(정기 회의의 회차를 세는 단위)

继续
jìxù

❶ [동사] '계속하다'라는 의미로, 시간이 비교적 길거나, 어떤 행위·현상이 이어지고 있는 것을 말한다. 중단이 되었다가 다시 이어질 수도 있고, 중단되지 않고 지속될 수도 있다. 주로 사람이 하는 일에 사용하며, 동사이지만 부사 용법으로도 많이 사용한다.

· 登山时如果下起了暴雨，你该马上下山，还是继续前进？
  등산할 때 만약 폭우가 쏟아진다면, 너는 바로 하산할 거야 아니면 계속 올라갈 거야?

· 在取得成绩之后，不能满足于现状，而应该继续努力，这样才能实现更高的理想。
  성적을 얻고 난 뒤, 현상태에 만족해서는 안 되고, 계속 노력해야만 더 높은 이상을 실현할 수 있다.

陆续
lùxù

❶ [부사] '잇따라, 끊임없이'라는 의미로, 주어가 단수일 수 없으며, 중간에 끊김이 있을 수도 있고 계속 이어질 수도 있다.

· 嘉宾已陆续进入会场。
  귀빈이 이미 잇따라 회의장에 들어서고 있다.

· 合伙人顶不住家庭压力，陆续退出团队了。
  동료들은 가족들의 압박을 이기지 못하고 잇따라 팀을 떠났다.

暴雨 bàoyǔ **명** 폭우 | 嘉宾 jiābīn **명** 손님, 귀빈 | 合伙 héhuǒ **동** 동료가 되다, 동업하다 | 顶不住 dǐngbuzhù 감당하지 못하다 | 退出 tuìchū **동** (조직·단체에서) 탈퇴하다

1 그는 연속해서 세 편의 논문을 발표했다.

他连续发表了三篇论文。

2 회의가 곧 시작되려 하자 모두들 잇따라 회의장에 들어갔다.

会议就要开始了，大家陆续走进了会场。

3 이러한 완전히 익지 않은 사과는 길에서 계속 익을 수 있기 때문에 장거리 운송에 편리하다.

这些没有完全成熟的苹果可以在路上继续成熟，方便长途运输。

4 과일이 잔뜩 열린 나무는 강한 나무 줄기가 지탱 해줘야지만 계속해서 생존할 수 있다.

那些长满果实的树，需要更强有力的树干做支撑，才能持续生存。

 단어

论文 lùnwén 명 논문 | 成熟 chéngshú 형 성숙하다, (과실이) 익다 | 运输 yùnshū 동 운송하다 | 树
干 shùgàn 명 나무줄기 | 支撑 zhīchēng 동 버티다, 지탱하다

기초편 / HSK편

실력 체크 정답

	❶	❷	❸	❹
01	两	二，二	两	两
02	我们	咱们	我们/咱们	我们，咱们
03	小	少	少	小
04	矮	低	低	矮
05	去	走	走，去	去
06	带	拿	拿	带
07	有	在	在	有
08	多少	几	几	多少
09	各	各，各	每	每
10	不	不	没	没
11	一点儿	有点儿	有点儿	一点儿，一点儿
12	时间	时间	时候	时候
13	次	趟	遍	次
14	房子	家	家	房子
15	分	分钟	分	分钟
16	知道	认识	知道	认识
17	都	一共	都	一共
18	了解	了解	理解	理解
19	受，受	收	收	受
20	能	会	会	能
21	说	讲	谈	讲
22	做	作	作，作	做
23	解释	说明	解释	说明
24	认为	以为	认为	以为
25	著名	有名	有名	著名

01 ❶ 满意	❷ 满意	❸ 满足	❹ 满足
02 ❶ 合适	❷ 适合	❸ 适合	❹ 合适
03 ❶ 帮忙	❷ 帮助	❸ 帮忙	❹ 帮助
04 ❶ 办法	❷ 方法	❸ 办法	❹ 方法
05 ❶ 达到	❷ 到达	❸ 到达	❹ 达到
06 ❶ 或者	❷ 还是	❸ 还是	❹ 或者
07 ❶ 经过	❷ 经过	❸ 通过	❹ 通过
08 ❶ 刚才	❷ 刚才	❸ 刚刚	❹ 刚刚
09 ❶ 又，又	❷ 一边，一边	❸ 又，又	❹ 一边，一边
10 ❶ 往往	❷ 常常	❸ 往往	❹ 常常
11 ❶ 道歉	❷ 抱歉	❸ 抱歉	❹ 道歉
12 ❶ 具有	❷ 拥有	❸ 具有	❹ 具有
13 ❶ 原来	❷ 原来	❸ 本来	❹ 本来
14 ❶ 经验	❷ 经历	❸ 经验	❹ 经历
15 ❶ 包含	❷ 包括	❸ 包括	❹ 包含
16 ❶ 维持	❷ 保持	❸ 维持	❹ 保持
17 ❶ 增加	❷ 增加	❸ 增长	❹ 增长
18 ❶ 完善	❷ 完美	❸ 完善	❹ 完美
19 ❶ 平静	❷ 安静	❸ 安静	❹ 冷静
20 ❶ 时期	❷ 时代	❸ 时光	❹ 时光
21 ❶ 严格	❷ 严肃	❸ 严格	❹ 严厉
22 ❶ 建立	❷ 建设	❸ 建设	❹ 建造
23 ❶ 热烈	❷ 激烈	❸ 强烈	❹ 热烈
24 ❶ 规律	❷ 规定	❸ 规则	❹ 规定
25 ❶ 陆续	❷ 继续	❸ 持续	❹ 连续

memo

memo